Women Authors of Modern Hispanic South America

~~~~~~~~~~~~~~~~

A Bibliography of Literary
Criticism and Interpretation

~~~~~~~~~~~~~~~~

*Sandra Messinger Cypess
David R. Kohut
Rachelle Moore*

The Scarecrow Press, Inc.
Metuchen, N.J., & London
1989

British Library Cataloguing-in-Publication data available

Library of Congress Cataloging-in-Publication Data

Cypess, Sandra Messinger.
  Women authors of modern Hispanic South America : a
bibliography of literary criticism and interpretation / by
Sandra Messinger Cypess, David R. Kohut, Rachelle Moore.
     p.   cm.
  ISBN 0-8108-2263-6 (alk. paper)
  1. Spanish American literature--Women authors--History
and criticism--Bibliography. 2. Spanish American literature--
20th century--History and criticism--Bibliography. I. Kohut,
David R., 1953-   . II. Moore, Rachelle, 1943-   . III. Title.
Z1609.L7C94   1989
[PQ7081]
016.8609'9287--dc20   89-10889

Copyright © 1989 by Sandra Messinger Cypess, David Kohut,
Rachelle Moore
Manufactured in the United States of America

Printed on acid-free paper

TABLE OF CONTENTS

Preface		v
Introduction		ix
Section I	General Studies	1
Section II	Author Studies	13
Chapter One	Argentina	13
Chapter Two	Bolivia	61
Chapter Three	Chile	63
Chapter Four	Colombia	107
Chapter Five	Ecuador	109
Chapter Six	Paraguay	111
Chapter Seven	Perú	113
Chapter Eight	Uruguay	121
Chapter Nine	Venezuela	139
Author Index		149

PREFACE

This bibliography arose out of two convictions. The first was that critical and interpretive material on Latin American women authors would be of interest to users in a variety of fields--Hispanic and comparative literatures, Latin American studies, women's studies. Students writing papers on these authors, and professors preparing lectures on them, could benefit from having access to material in one convenient source. The second conviction was that researchers could benefit from knowing not only what work had been done on these authors but also what work needed to be done.

We therefore set ourselves a twofold task: to search many disparate sources for citations to critical and interpretive studies of Hispanic American women authors; and to include not only major authors but also "minor" ones who (so far) have received little critical attention.

Because of our aim to include minor as well as major authors, we had to restrict our scope in other ways. We decided, first of all, to limit ourselves to the modern period and cover only those authors active from the turn of the twentieth century to the present. We decided also to limit ourselves to Hispanic America (as opposed to Latin America as a whole) and to break up the bibliography into separate volumes, each volume covering a region of Hispanic America. The present volume covers Hispanic South America; the countries included are Argentina, Bolivia, Chile, Colombia, Ecuador, Paraguay, Peru, Venezuela, and Uruguay. Subsequent volumes will cover Mexico, Central America and the Hispanic Caribbean, and the Hispanic United States.

The present volume lists references to critical and interpretive studies of the literary output of 169 modern women authors from Hispanic South America. These studies concern every literary genre--drama, poetry, prose, novel, and short story. They take the form of monographs, collections of essays, essays in collections, periodical articles, conference proceedings, and doctoral dissertations. Excluded are biographical profiles, brief reviews, interviews, and manuscripts--that is, items that are brief, ephemeral, inaccessible, or lacking in critical and interpretive value.

The volume consists of two sections: general studies and an author section. Users seeking critical surveys of the writing of women authors from modern Hispanic South America will find them in Section I, "General Studies." Assigned here are works that discuss more than three South American women authors and works that deal broadly with women from one country or several Hispanic South American countries. Anthologies and special issues are analyzed, the individual articles being cited elsewhere in the bibliography where appropriate.

Users seeking references to studies on specific authors will find them in Section II. Authors are grouped by country and arranged according to the Spanish alphabet. Under the name of each author is a listing of studies grouped by genre. If an author works in more than one genre, and if a study concerns two or more of these genres, then that study was placed in a "General Discussion" category directly under the name of the author and before the categories on specific genres. If an author works in only one genre, then under her name there is only a single listing of studies, all concerning that genre. If a study deals with two or three authors, then the complete reference to that study was repeated where appropriate under the name of each of the authors. Recall that studies dealing with more than three authors were placed in Section I, "General Studies."

The "Author Index" completes the volume. It lists authors alphabetically, giving for each one the country heading in Section II under which she can be found. If it was thought likely that users would look under an alternative form of an author's name, then that alternative was entered in its alphabetical place along with a cross-reference to the form of the name used in the bibliography.

The bibliography was conceived first and foremost as a listing of studies by author. Our aim in classifying studies by genre was not to catalog them but merely to provide an additional search aid for users who might welcome one. Being unable to examine every study, though, we opted, in the interest of consistency, for genre headings that have general application. For example, a study whose title indicates that it deals with a novel will be found under the heading "Novel," whether the literary work in question be a poetic novel or an autobiographical testimonial.

Relevant citations were searched for in (1) bibliographic reference sources (e.g. the Handbook of Latin American Studies, the Hispanic American Periodicals Index, and the Modern Language Association Bibliography); (2) critical anthologies and journals not covered by the sources above; (3) subject bibliographies; and (4) notes and bibliographies found in literary anthologies and scholarly works. Systematic coverage is through publication year 1986, but random coverage continued up to the time this volume went to press.

Since it was impossible for us to examine all the cited studies, we did so selectively. We tended to examine only those studies whose citations could not be completed or classified by other means. For the rest, we had to rely on the accuracy of our sources, and so beg the user's indulgence for any ghost citations or for misclassified ones. We would be grateful for any corrections or additions from our users.

Our sources being too numerous to cite separately, we would like to acknowledge our debt to all the compilers, editors, and authors of the subject bibliographies, critical anthologies, literary anthologies, and scholarly works that we drew upon for citations.

Warm thanks to Carol Clemente, Jan Haney, Terri Martin, and George Yarnes in the interlibrary loan department of the Glenn G. Bartle Library, State University of New York at Binghamton; to Linda Mulder and Shelba Hodges in the interlibrary loan department of the University Library, Tennessee Technological University; to María Gracia del Pilar, who compiled our original working list of authors; and to Dina Lari, who in keyboarding our manuscript drew upon her knowledge of both English and Spanish.

We are grateful for two sources of financial assistance: a grant from the New York State/United University Professionals Joint Committee for Professional Development and Quality of Work, and a grant from the State University of New York at Binghamton.

David R. Kohut
Library
Tennessee Technological University

Rachelle Moore
Library
State University of New York at Binghamton

INTRODUCTION

Although the following bibliography has been restricted to include criticism relating only to the work of modern Hispanic women authors from South America, its length is impressive in a number of ways. The number of citations brings into question the belief not only that there is a lack of women writers--an old aphorism being put to rest only recently--but also that criticism has ignored these women. These two points need to be explored, however, rather than be accepted as proof positive that the current critical evaluation of women writers has indeed overcome previous inadequacies. By placing these ideas within a historical context, the contemporary situation can be appreciated more fully.

Let us begin with recent history and consider the possible reactions of readers who first became acquainted with Hispanic American literature because of the so-called Boom, that phenomenon whereby in a short period of time Hispanic American literature became popular both in the United States and Europe. As a concomitant feature of the literary Boom, criticism appeared in the best journals and literary circles, from the judges of France's Prix Goncourt to the Nobel prize committee, to the New York Times and New Yorker magazine. If we were to review the list of writers and critics associated with the Boom we would discover that most were male figures. Should the reader assume, then, that the entries of this bibliography record work done in the post-Boom era? The answer must be given in two parts. It is true that the amount of critical attention paid to women writers has increased since the Boom, in part as a consequence of the increased attention paid to Hispanic American writing; even its women writers are being read, and translated and finally criticized. In regard to the idea that the critics have at last paid attention to the women, it is important to acknowledge that critical awareness does not always proceed directly from the fact that a work has been published. While there is no concrete way to judge how many women have been discouraged in their attempt to write and then to find a publisher for their production, often those fortunate enough to see their work in print find themselves relegated to virtual non-existence by not reaching an audience. As Angel Rama cogently stated, "Criticism begins by being the means by which existence is conferred, since it is through the interpretive discourse that original compositions become integrated with culture ... " (Sin Nombre). It is also essential to enter into the closely guarded circle of writers whose works are evaluated--Rama's "interpretive discourse."

Those writers whose works receive commentary get included in anthologies, course syllabi, literary histories, and eventually are sanctioned as part of the canon, joining those texts which compose the literary inheritance of a culture. How many texts written by Hispanic American women belong to the canon? For Hispanic South American women in pre-modern times, significantly few texts have been singled out.

The work of Sor Juana Inés de la Cruz (1648-1695), the nun of colonial Mexico, has entered the Hispanic canon, the only woman representative of the colonial period. Her poetry is considered so exceptional that she is called "la Décima Musa," the Tenth Muse, a label which recognizes her quality at the same time it takes her beyond the sphere of normalcy for women, for she clearly defied the traditional structures that kept her sisters silent. Although not the only woman of the colonial period to write, Sor Juana's figure until now has been allowed to overshadow other women who had managed to see their works to the printer. The situation of Madre Castillo of Colombia and "Amarilis" and "Clarinda" of Peru are indicative of what critics have discovered for women of the seventeenth century: their need to use pseudonyms shows that the role of the woman writers was considered an anomaly in those days and women had to hide their work; perhaps one has to be more sleuth than reader to discover and evaluate their production. More detective work is required with regard to the eighteenth century and the void it represents. It is not until the nineteenth century that the next woman writer to enter the canon appears, the Cuban Gertrudis Gómez de Avellaneda (1814-1873), whose romantic poetry was appreciated even in her time. Today, because of feminist critics of the post-Boom days La Avellaneda is now being read in a new light and the avant-garde originality of her work is being rediscovered.

Because of socio-economic reasons more women were able to publish in the nineteenth century and assiduous scholars have been able to uncover the work of an increasing number of them. Yet for South America, only the Peruvian Clorinda Matto de Turner is recognized as an important writer, and she is generally regarded as a bridge figure whose work spans into the modern period. Her novel <u>Aves sin nido</u> (1889) is said to have initiated the prolific series of indigenista novels that denounce the exploitation of the Indian, an important historical evaluation offered succinctly by the Cuban critic José de Portuondo in the large tome <u>América Latina en su literatura</u> (México: Siglo XXI, 1972). This ambitious work is composed of essays by many experts whose express purpose, motivated by UNESCO, was to undertake the study of the cultures of Latin America in their literary and artistic expressions in order to determine the characteristics of those cultures. If that critical work, however, offers an indication of the contribution of women writers to those cultures, the brief mention of Clorinda Matto de Turner stands out as a singular exception, for only Sor Juana Inés de la Cruz and Gabriela Mistral (1890-1954) receive more attention, other women being named only in a list, and less than a dozen receive that recognition for the entire period from the Conquest to the Boom.

This marginality of women writers and their exclusion from full participation in the literary tradition reflected their social status and lack of participation in the centers of political and economic activity. Often, the omission of women's texts was justified on the basis of the dominant concept of universal thematic concerns and major trends, yet these judgments were not as objective as critics imagined. The evaluations were determined by the values and norms of patriarchal critics whose consciousness had not yet been

Introduction

raised to the realization that literary criticism as well as literature are reflections of social realities and political ideologies. In the past, critical readings of women's texts reflected not universal, impartial judgment but an evaluation filtered through the perspective of the dominant masculine expression and its formalization in art. Consider the case of the Venezuelan Teresa de la Parra (1890-1935), a contemporary of the more famous Rómulo Gallegos. When Gallegos published Doña Bárbara (1929), the novel soon became one of the classics of Spanish American literature, despite its rather simple symbolism and the naive, stereotypical presentation of women; those characteristics were overlooked in the criticism. In contrast, Teresa de la Parra's novels, published in the twenties, were read as simple autobiographical pieces and the symbolism and satire went unobserved, since she was criticizing the tenets of the very patriarchal society that was misreading her work. Today's reader will find it useful to consult the number of contemporary essays that attempt to reevaluate the previous narrow commentary on Parra's texts--among the new readings of women authors that our bibliography proudly documents.

An examination of the entries related to a writer with the international stature of Gabriela Mistral uncovers the same history of stereotyped reactions. The first Latin American (female or male) to be awarded the Nobel prize, her poetry had long been considered quintessentially "feminine"--insistent on maternal and filial love, a singular dedication to the memory of lost love, religious sentiment, a deep humanitarian commitment to the oppressed poor, the worker-- these were the domain of the female and her voice was strong and welcome. In contrast, the texts of the Argentine feminist poet Alfonsina Storni (1892-1938) strike a dissident, dissatisfied, discordant note and she is labeled a "minor poet." However, neither Mistral nor Storni fit the stereotyped categories into which they have been placed, as recent critical readings bring out. (See, for example, Eliana Rivero's "Para una actualización de Gabriela Mistral: Conciencia y Poesía," in Gabriela Mistral, edited by M. Servodidio and M. Coddou, Xalapa: Universidad Veracruzana, 1980.) Perhaps Rachel Phillip's title of her book on Storni serves as an appropriate synecdoche for the contemporary transformation of the critical perspective regarding women: From Poetess to Poet, that is, from separation to inclusion, from the particular to the universal.

This bibliography should serve as a useful tool in more ways than just as a guide to critical articles on a particular author, for it also tells what has not been written--where the lacunae are. An analysis of the entries will indicate to the scholar which authors have not been sufficiently investigated as well as which works have been ignored. As a relevant case in point, the entries relating to Griselda Gambaro show that critics have focused on her dramatic production while her narrative has not been interpreted--a signal for the scholar that this area needs further investigation. Despite, or perhaps in addition to, the silences that call out to be voiced, the reader is struck by the variety of critical approaches and themes that our bibliography documents. Writers who are well known as well as those who have received little attention are included. We present a developing tradition of literature by women in twentieth-century South America and, to their advantage, a developing tradition of literary criticism that goes beyond the previous criteria and standards created by men describing the work of men.

Sandra Messinger Cypess
Department of Romance Languages
State University of New York at Binghamton

SECTION I. GENERAL STUDIES

Adler, María Raquel. "Consideraciones sobre los premios femeninos." La Literatura Argentina 4.37 (1931): 10.

___. "Momento actual de nuestra poesía femenina." De la tierra al cielo. Buenos Aires: Servían, 1936. 96-112.

Alegría, Fernando. "Aporte de la mujer al nuevo lenguaje poético de Latinoamérica." Revista/ Review Interamericana 12:1 (1982): 27-35.

___. Breve historia de la novela hispanoamericana. México: Ediciones De Andrea, 1959.

___. La literatura chilena del siglo XX. Santiago: Zig-Zag, 1970.

Arancibia, Juana Alcira. Evaluación de la literatura femenina de latinoamérica. Siglo XX. San José: EDUCA, 1985.

Araújo, Helena. "Algunas post-nadaístas." Revista Iberoamericana 50.128-29 (1984): 821-37.

___. "¿Crítica literaria feminista? Eco 44.270 (1984): 598-606.

___. "¿Cuál literatura femenina?" El Espectador, Magazín Dominical septiembre 20, 1981: 5-6.

___. "Escritoras latinoamericanas: ¿Por fuera del boom?" Quimera 30 (1983): 8-11.

___. "La narradora y la diferencia." Plural 13.156 (1984): 57-60.

___. "Narrativa femenina latinoamericana." Hispamérica 11.32 (1982): 23-34.

Arciniegas, Germán. Las mujeres y las horas. Vol. II of América mágica. Buenos Aires: Sudamericana, 1961.

Avila Echazú, Edgar. Resumen de la literatura boliviana. La Paz: Gisbert y Cia., 1973.

Baz, Margarita. "Crear espacios propios." Brujas. Las Mujeres escriben (1984): 67-74.

Bassnett, Susan. "Coming out of the Labyrinth: Women Writers in Contemporary Latin America." Modern Latin American Fiction. A survey. John King, Ed. Boston: Faber and Faber, 1987. 247-67.

1

Benavides H., Julia. La evolución del espíritu femenino en la poesía lírica contemporánea. Santiago, 1924.

Benvenuto, O. M. B. de. "La poesía femenina." Circunstanciales 1941: 35-43.

Birkemoe, Diane Solomon. "Contemporary Women Novelists of Argentina, 1945-1967." Diss. Urbana: U. of Illinois, 1968. DAI 29, 1969, 2249 A.

Boorman, Joan Rea. "Contemporary Latin American Women Dramatists." Rice U. Studies 64.1 (1978): 69-80.

Bosco, María Angélica. "El pecado de la novela autobiográfica." Versión 3 (1963): 29-33.

Brughetti, Romualdo. 18 poetas del Uruguay. Montevideo: Ediciones de la Sociedad Amigos del Libro Rioplatense, 1937.

Bula Pérez, R. "Sobre poetisas uruguayas." Hiperión 92 (1943): 2-12, 93 (1943): 8-16.

Bullrich, Silvina. "The Woman Writer in Latin America." Américas 37.5 (1985): 54-55.

___. La mujer argentina en la literatura. Buenos Aires: Ministerio de Cultura y Educación, Centro Nacional de Documentación e Información Educativa, 1972.

Bustamante, Cecilia. "Intelectuales peruanas de la generación de José Carlos Mariátegui." NS/Northsouth 7.13 (1982): 111-26.

Caminotti, Delia Marengo de. "La mujer: Personaje en la novela." Revista de la Universidad Nacional de Córdoba 10.1-2 (1969): 339-61.

Campanella, Hebe N. "La voz de la mujer en la joven poesía argentina: Cuatro registros." Cuadernos Hispanoamericanos 300 (1975): 543-64.

Campra, Rosalba. "Participación de la mujer en el teatro." Revista de la Universidad Nacional de Córdoba 10.1-2 (1969): 427-57.

Carrera, Julieta. La mujer en América escribe: Semblanzas. México: Ed. Alonso, 1956.

Castedo-Ellerman, Elena. "Feminism or Femineity? Six Women Writers Answer." Américas 30.10 (1978): 19-24.

General Studies 3

Castro, Zoila María. "Presencia femenina en la literatura ecuatoriana." Cuadernos del Guayas 4.7 (1953): 14,19.

Castro-Klarén, Sara. "La crítica literaria feminista y la escritora en América Latina." La sartén por el mango. Patricia Elena González and Eliana Ortega, Eds. Río Piedras, P.R.: Huracán, 1985. 27-44.

Certad, Aquiles. "Valores femeninos venezolanos." Repertorio Americano 42.5 (1945): 71.

Chase, Kathleen. "Latin American Women Writers: Their Present Position." Books Abroad 33.2 (1959): 150-51.

Class, Bradley Mellon. "Fictional Treatment of Politics by Argentine Female Novelists." Diss. Albuquerque, U. of New Mexico, 1974. DAI 35, 1975, 6132 A.

Coddou, Marcelo. "La poesía femenina chilena como contratexto." Literatura chilena. Creación y crítica 26 (1983): 10-11.

Conde, Carmen. Once grandes poetisas américohispanas. Madrid: Ediciones Cultura Hispánica, 1967.

Console, Alfredo. "Nuestras poetisas de hoy." Dos conferencias literarias. Buenos Aires: Ferrari, 1935. 15-40.

Correas de Zapata, Celia. "Breve historia de la mujer en la narrativa hispanoamericana." Actas del Sexto Congreso Internacional de Hispanistas celebrado en Toronto del 22 al 26 de agosto de 1977. Alan M. Gordon and Evelyn Rugg, Eds. Toronto: Dept. of Spanish and Portuguese, Univ. of Toronto (1980): 815-19.

___. "Escritoras latinoamericanas: Sus publicaciones en el concepto de las estructuras del poder." Revista Iberoamericana 51.132-33 (1985): 591-603.

___. "La mujer en las letras de América." Ensayos Hispanoamericanos. Buenos Aires: Ediciones Corregidor, 1978. 45-75.

___. "One Hundred Years of Women Writers in Latin America." The Latin American Literary Review 3.6 (1975): 7-16.

___. "Panorama de la mujer en las letras de latinoamérica en la década del 60: Renovación literaria." Detrás de la reja. Celia Correas de Zapata, and Lygía Johnson, Eds. Caracas: Monte Avila, 1980. 11-21.

Cuenca, H. "Apuntes sobre poesía femenina venezolana." El Universal marzo 3, 1940.

Cypess, Sandra Messinger. "La dramaturgia femenina y su contexto socio-cultural." Latin American Theater Review 13.2 (1980): 63-68.

___. "Los elementos deícticos en la poesía y la voz femenina." Texto Crítico 34-5 (1986): 214-26.

___. "Visual and Verbal Distances: The Woman Poet in a Patriarchal Culture." Revista/Review Interamericana 12.1 (1982): 150-57.

Dorn, Georgette M. "Four Twentieth Century Latin American Women Authors." SECOLAS Annals 10 (1979): 125-33.

"Evaluación de la literatura femenina de latinoamérica del siglo XX." Káñina 9.2 (1982): 115-16.

Fernández Sein, Ana H. "Primer congreso sobre escritoras de América Latina." Sin Nombre 6.1 (1975): 59-61.

Ferro, Hellen. "Las mujeres en la poesía de América." Historia de la poesía hispanoamericana. New York: Las Américas Publishing Co., 1964. 313-43.

Figueira, Gastón. "Daughters of the Muses." Américas. 2.11 (1950): 28-31, 39.

Florit, Eugenio, and José Olivio Jiménez. La poesía hispanoamericana desde el Modernismo. New York: Appleton-Century-Crofts, 1968.

Francescato, Martha Paley. "Women in Latin America: Their Role as Writers and their Image in Fictions." Women in Latin American Literature: A Symposium. Amherst, U. of Massachusetts, International Area Studies Programs, 1979. 1-14.

Franco, Rosa. Origen de lo erótico en la poesía femenina americana. Buenos Aires: Editorial Stilcograf, 1960.

Gambaro, Griselda. "Algunas consideraciones sobre la mujer y la literatura." Revista Iberoamericana 51.132-33 (1985): 471-74.

___. "¿Es posible y deseable una dramaturgia específicamente femenina?" Latin American Theatre Review 13.2 (1980): 17-22.

Gandulfo, Mirtha. "Voz de la mujer en la poesía uruguaya." Letras del Ecuador 13.109 (1957): 17,26.

Garfield, Evelyn Picón. Women's Voices from Latin America. Interviews with Six Contemporary Authors. Detroit: Wayne State U. Press, 1985.

Gatica Martínez, Tomás. Ensayos sobre literatura hispanoamericana. Santiago: Editorial Andes, 1930.

Gatín, Enrique de la. "Las literatas y el movimiento revolucionario." Claridad 215 (1930).

Giusti, Roberto. "Letras argentinas: La protesta de las mujeres." Nosotros 3.10 (1937): 87-93.

Gómez Paz, Julieta. Cuatro actitudes poéticas: Alejandra Pizarnik, Olga Orozco, Amelia Biagicni, María Elena Walsh. Buenos Aires: Conjunto Editores, 1977.

González, Patricia Elena, and Eliana Ortega. La sartén por el mango: Encuentro de escritoras latinoamericanas. Río Piedras, P. R.: Ediciones Huracán, 1984.

González, Teresa. "Las escritoras versus el jurado municipal." La Literatura Argentina 4.42 (1932): 185.

González Freire, Nati. "La mujer en la literatura de América Latina." Cuadernos Hispanoamericanos 414 (1984): 84-92.

González-Ruano, César. Literatura americana: Ensayos de madrigal y de crítica. vol 1. Poetisas modernas. Madrid: Librería Fernando Fé, 1924.

Gonzáles y Contreras, Gilberto. "Interpretación de la poesía femenina." Revista Nacional de Cultura 25 (1941): 81-104.

Guerra-Cunningham, Lucía. "Algunas reflexiones teóricas sobre la novela femenia." Hispamérica 10.28 (1981): 29-39.

___. "La mujer latinoamericana ante las letras. Algunas reflexiones teóricas sobre la literatura femenina." La Semana de Bellas Artes 97 (1979): 2-5.

___. "La mujer latinoamericana y la tradición literaria femenina." Fem 3.10 (1979): 14-18.

___. Mujer y sociedad en América Latina. Santiago de Chile: Ed. del Pacífico, 1980.

___. "Pasividad, ensoñación y existencia enajenada (hacia una caracterización de la novela femenina chilena)." Atenea 438 (1978): 149-64.

Handelsman, Michael H. "Algunas observaciones sobre el por qué y el para qué de la crítica literaria feminista." Letras Femeninas 6.1 (1980): 63-70.

___. Amazonas y artistas: Un estudio de la prosa de la mujer ecuatoriana. Guayaquil: Casa de la Cultura Ecuatoriana, 1978.

___. Diez escritoras ecuatorianas y sus cuentos. Quito: Casa de la Cultura Ecuatoriana, Nucleo del Guayas, 1982.

Hoppe, Else, Ed. El hombre en la literatura de la mujer. Madrid: Gredos, 1964. 367-92, 418-22.

Hughes, Psiche. "Women and Literature in Latin America." Unheard Words. Mineke Schipper, Ed. New York: Allison & Busby, 1985. 215-74.

Jackson, Mary-Garland. "The Roles and Portrayal of Women in Selected Prose Works by Six Female Writers of Perú." Diss. Lexington: U. of Kentucky, 1982. DAI 29, 1982, 181 A.

Jehenson, Myriam Yvonne. "Four Women in Search of Freedom." Revista/Review Interamericana 12.1 (1982): 87-99.

Jiménez, Onilda A. La crítica literaria en la obra de Gabriela Mistral. Miami: Ediciones Universal, 1982.

Jones, Willis Knapp. "The Contemporary Chilean Theatre." Behind Spanish American Footlights. Austin: U. of Texas Press, 1966. 231-45.

Klein, Laura, and Silvia Bonzini. "Un no de claridad. Aproximación al estudio de la poesía femenina argentina del siglo XX." Evaluación de la literatura femenina. vol.1. Juana Alcira Arancibia, Ed. San José: EDUCA, 1985. 153-80.

Koch, Dolores. "Delmira, Alfonsina, Juana y Gabriela." Revista Iberoamericana 51.132-33 (1985): 723-29.

Labarca, Eugenia. "La literatura femenina chilena." Atenea 10 (1924): 357-61.

Lagos, Ramiro. Mujeres poetas de hispanoamérica. Bogotá: Ediciones Tercer Mundo, 1986.

Latcham, Ricardo. "Aspectos de la literatura femenina en Chile." La Revista Católica de Santiago de Chile 45 (1923).

___. "Literatura imaginativa y novela femenina en Chile." Estudios Americanos 48 (1955): 337-49.

Lewald, H. Ernest. "Aspects of the Modern Argentine Woman [Writer]." Chasqui 5.3 (1976): 19-26.

Lima, Robert. "Cumbres poéticas del erotismo femenino en hispanoamérica." Revista de Estudios Hispánicos 18.1 (1984): 41-59.

Lindstrom, Naomi. "Feminist Criticism of Latin American Literature: Bibliographic Notes." Latin American Research Review 15.1 (1980): 151-59.

López, Zoila María Castro de. "Presencia femenina en la literatura ecuatoriana." Cuadernos del Guayas 4.7 (1953): 14, 9.

López, Jorge Jacinto. "¿Existe una literatura específicamente femenina?" La Estafeta Literaria 501 (1972): 14-17.

López González, Aralia. De la intimidad a la acción: La narrativa de escritoras y su desarrollo. México: U. Autónoma Metropolitana, 1985.

Loynaz, Dulce María. "Poetisas de América." Anales de la Academia Nacional de Artes y Letras 34 (1951): 77-79.

Luque Valderrama, Lucía. "Novela femenina en Colombia." Diss. Bogotá: Pontificia Universidad Católica Javeriana, 1954.

Mancera Galletti, Angel. "La mujer venezolana en la prosa narrativa." Quienes narran y cuentan en Venezuela. Caracas: Caribe, 1958. 309-66.

Mandolini, H. "Genio y lirismo femeninos." Nosotros 77 (1932): 326-40.

Manguel, Alberto. "Latin American Women Writers." Elle (1986): 250-54.

Martínez, Zulma Nelly. "La mujer, la creatividad y el eterno presente." Revista Iberoamericana 51.132-33 (1985): 799-806.

Mas, José. "La revolución cubana y el futuro de la escritura en América Latina." Evaluación de la literatura femenina de latinoamérica del siglo XX. vol.1. Juana Alcira Arancibia, Ed. San José: EDUCA, 1987. 103-13.

Masiello, Francine. Discurso de mujeres, lenguaje del poder: Reflexiones sobre la crítica feminista a mediados de la década del 80." Hispamérica 45 (1986): 53-59.

———. "Texto, ley, transgresión: Especulaciones sobre la novela (feminista) de vanguardia." Revista Iberoamericana 51.132-33 (1985): 807-22.

Matte Alessandri, Ester. "Siete escritoras de Chile." Anales de la Universidad de Chile 121.22 (1961): 134-41.

Medina, José Toribio. La literatura femenina en Chile (Notas bibliográficas y en parte críticas). Santiago de Chile: Imprenta Universitaria, 1923.

Meireles, Cecília. "Expressão femenina da poesia na América." Tres conferencias sobre cultura hispanoamericana. Rio de Janeiro: MEC, 1959.

Miguel, María Esther de. "La mujer en su literatura y su responsabilidad como escritora." Revista de la Universidad Nacional de Córdoba 10.1-2 (1969): 321-37.

Miller, Beth. "Peruvian Women Writers: Directions for Future Research." Revista/Review Interamericana 12.1 (1982): 36-48.

Miranda S., Estela. Algunas poetisas de Chile y Uruguay: Su sentido de la vida y su interpretación del paisaje. Santiago de Chile: Nascimento, 1937.

Molloy, Sylvia. "Sentido de ausencias." Revista Iberoamericana 51.132-33 (1985): 483-88.

Montes, Hugo, and Julio Orlandi. Historia de la literatura chilena. Santiago de Chile: Editorial del Pacífico, 1955.

Mora, Gabriela. "Narradoras hispanoamericanas: Vieja y nueva problemática en renovadas elaboraciones." Theory and Practice of Feminist Literary Criticism. Gabriela Mora and Karen S. Van Hoofe, Eds. Ypsilanti: Bilingual Press, 1982. 156-74.

Mora Escalante, Sonia Marta, et al. "El segundo sexo: La segunda literatura." Evaluación de la literatura femenina. vol.1. Juana Alcira Arancibia, Ed. San José: EDUCA, 1985. 97-107.

Moratorio, Arsinoe. Mujeres del Uruguay. Montevideo: Editorial Independencia, 1946.

Nuceti-Sardi, José, and Lucila L. de Pérez Díaz. "Women in Venezuelan Literature." Bulletin of the Pan American Union 63.5 (1929): 467-74.

Oviedo de la Vega, Adela R. Influencia y conocimiento de la literatura femenina en las Américas." Káñina 9.2 (1985): 31-38.

Oyarzún, Mila. "La poesía femenina en Chile." Atenea 73.218 (1943): 168-94.

Percas de Ponseti, Helena. "Ciento cincuenta años de poesía femenina argentina." Revista de Educación 5.5-6 (1960): 53-62.

___. La poesía femenina argentina, 1810 - 1950. Madrid: Cultura Hispánica, 1958.

Peri Rossi, Cristina. "Literatura y mujer." Eco 42.257 (1983): 498-506.

Pickenhayn, Jorge Oscar. "Voces femeninas en la poesía de Uruguay." Literatura Siglo XX en el Río de la Plata. Buenos Aires: Plus Ultra, 1984. 53-61.

Pinto, Mercedes. "Cuatro poetisas uruguayas: Juana de Ibarbourou, Delmira Agustini, Luisa Luisi, María Eugenia Vaz Ferreira." Revista Cubana (1935): 46-81.

Plá, Josefina. Obra y aporte femeninos en la literatura nacional. Asunción: Centro Paraguayo de Estudios Sociológicos, 1976.

___. Voces femeninas en la poesía paraguaya. Asunción: Alcándra, 1982.

Poletti, Syria. "Apuntes para la valoración de las novelistas argentinas." Davar (1965): 64-68.

Poniatowska, Elena. "La literatura de las mujeres en América Latina." Eco 42.257 (1983): 462-72.

Puentes de Oyenard, Sylvia. "Amor y muerte en la poesía femenina uruguaya." Humbolt 25.82 (1984): 46-53.

Pujol, Marie Lemistre. "Los orígenes de la literatura femenina en Latinoamérica y Costa Rica." Káñina 9.2 (1985): 85-90.

Rama, Angel La generación crítica 1939-1969. Montevideo: Arca, 1972.

Ramos Foster, Virginia. "La crítica literaria de las profesoras norteamericanas ante las letras femeninas hispánicas." Revista Interamericana de Bibliografía 30.4 (1980): 406-12.

Redondo, Susana. "Proceso de la literatura femenina hispanoamericana." Cuadernos 6 (1954): 34-38.

Reed, Ishcer. "Curso de la novela femenina del Perú." Diss. Lima: San Marcos, 1942.

Rivero, Eliana. "Hacia una definición de la lírica femenina en Hispanoamérica." Revista/Review Interamericana 12.1 (1982): 11-26.

Roffe, Reina. "Omnipresencia de la censura en la escritora argentina." Revista Iberoamericana 51.132-33 (1985): 909-15.

Roggiano, Alfredo. "Una importante historia de la poesía femenina argentina." La Nueva Democracia 41.3 (1961): 52-61.

Rosenbaum, Sidonia Carmen. Modern Women Poets of Spanish America. New York: Hispanic Institute of the U.S., 1945.

Roses, Lorraine Elena. "Las musas no escriben, inspiran: Latin America: A Region of Invisible Women Writers." Third Women 3.1-2 (1986): 99-105.

Salvador, Nélida. "Actitud creadora de la mujer en la poesía argentina." Letras de Buenos Aires 2.8 (1983): 25-34.

Santana, Francisco. "Bosquejo de las novelistas chilenas." Atenea 35 (1966): 208-18.

Santí, Enrico-Mario. "El sexo de la escritura." Revista/Review Interamericana 12.1 (1982): 146-49.

Santos, Nelly E. "La poesía hispánica del '900 escrita por mujeres." Diss. Storrs: U. of Connecticut, 1973. DAI 34, 1973, 2578 A.

Schwartz, Kessel. A New History of Spanish American Fiction. Miami: U. of Miami Press, 1971.

Shaw, Lee Roberts. "The Feminine Principle in a Masculine World: A Study of Contemporary Argentine Fiction by Women Writers, 1950-1970." Diss. Knoxville: U. of Tennesse, 1978. DAI 39, 1978, 1611 A.

Silva Castro, Raúl. Panorama de la novela chilena. México: Fondo de Cultura Económica, 1955.

General Studies

Soiza Reilly, J.J. de. Mujeres de América. Buenos Aires: Anaconda, 1934.

Sotomayor de Concha, Graciela. "La labor literaria de la mujer en Chile." Actividades femeninas en Chile. Santiago de Chile: La Ilustración, 1928. 709-51.

Stycos, María Nowakowska. "Twentieth-Century Hispanic Women Poets: An Introduction." Revista/Review Interamericana 12.1 (1982): 5-10.

Suárez Calimano, Emilio. "El narcisismo en la poesía femenina de Hispanoamérica." Nosotros 72.264: 27-55.

Ugarte, Manuel. "Women Writers in South America." Books Abroad 5.3 (1931): 238-41.

Uribe Muñoz, B. Mujeres de América. Medellín: Imprenta Oficial, 1934.

Valdés, Adriana. "Las novelistas chilenas: Breve visión histórica y reseña crítica." Aisthesis. Revista Chilena de Investigaciones Estéticas 3 (1968). 113-30.

Vidal, María Antonia. "Romanticismo, modernismo y actualidad de la poesía femenina." Voces de América 7.39 (1974): 101-104.

Welles, Marcia L. "The Changing Face of Women in Latin American Fiction." Women in Hispanic Literature. Icons and Fallen Idols. Beth Miller, Ed. Berkeley: U. of California Press, 1983.

Wilson, S.R. "Art by Gender: The Latin American Woman Writer." Revista Canadiense de Estudios Hispánicos 6.1 (1981): 135-37.

Zanelli López, Luisa. Mujeres chilenas de letras. Santiago de Chile: Imprenta Universitaria, 1917.

Zardoya, Concha. "La muerte en la poesía femenina latinoamericana." Cuadernos Americanos 71.5 (1953): 233-79.

Zum Felde, Alberto. Indice crítico de la literatura hispanoamericana. vol.2. La Narrativa. México: Editorial Guaranía, 1959.

SECTION II. AUTHOR STUDIES

CHAPTER ONE

ARGENTINA

ABELLA CAPRILE, Margarita

POETRY

Bonet, Carmela Melitón. Margarita Abella Caprile. Buenos Aires: Culturales Argentinas, 1962.

Carrera, J. "Margarita Abella Caprile." América 12 (1941): 74-75.

Cruz, Jorge. "La nobleza del arte y de la vida." La Nación (Suplemento Literario), October 27, 1985: 1.

Diego, R. de. "'Perfiles en la Niebla' de Margarita Abella Caprile." Nosotros 18 (1924): 226-30.

Martinenche, E. "Abella Caprile: 'Sombras en el Mar'." Revue de L'Amérique Latine 10 (1930): 570.

Vergara de Bietti, Noemí. "La poesía de Margarita Abella Caprile." Universidad 53 (1962): 113-26.

PROSE

Giusti, Roberto F. "La protesta de las mujeres." Nosotros 3 (1937): 87-93.

ADLER, María Raquel

POETRY

Alonso Piñeiro, Armando. Poetisa mística de América. María Raquel Adler. Buenos Aires: Prestigio, 1957.

Arenas Luque, Fermín Vicente. Dos poetisas místicas de América, Sor Juana Inés de la Cruz y María Raquel Adler. Buenos Aires, 1950.

Boneo, M.A. "María Raquel Adler: 'Llave de cielo'." Revista Bibliográfica 1.11-12 (1944): 19-20.

Chiappini, F. "Adler, M.R. 'Canción del hombre y la ola.'" Criterio 12 (1939): 230-33.

Compiani, E. "María R. Adler y su libro: 'De Israel a Cristo.'" La Literatura Argentina 7 (1934): 100.

Constanzo, Carlos Marcelo. María Raquel Adler. Una lágrima de Dios hecha poesía. Buenos Aires, 1975.

García Orozco, J. "María Raquel Adler y su obra." Conferencias 1.5 (1933): 116-21.

Grecco, M.M. "María Raquel Adler, nuestra mejor poetisa." La Literatura Argentina 6 (1934): 216.

Lara, T. de. "La conversión de una mujer." Orientación 7 (1928): 23-24.

____. "Raquel Adler: 'La divina tortura'." Criterio August 30, 1928.

Petrelli, Lola Otero de. Paisaje poético de María Raquel Adler. Buenos Aires: Consentino, 1969.

Pillement, G. "Raquel Adler." Revue de L'Amérique Latine 12 (1926): 78.

Tild, J. "Raquel Adler: 'La divina tortura.'" Revue de L'Amérique Latine 16 (1928): 550.

Winter, Calvert J. "Some Jewish Writers of the Argentine." Hispania 19.4 (1936): 431-36.

ALCORTA, Gloria

GENERAL

Campanella, Hebe N. "Gloria Alcorta, un Faulkner del sur." Cuadernos Hispanoamericanos 253/254 (1971): 171-91.

POETRY

Linares, H. "Los premios." Sur 5.13 (1935): 86.

ALVAREZ VALDES, Sara

POETRY

Giusti, R.F. "'Canciones para malvamar' de Sara Alvarez Valdés." Nosotros 4 (1937): 90-92.

Argentina

ALVEAR, Elvira de

POETRY

Carrera, Julieta. "Tres poetisas argentinas." (Alfonsina Storni, Elvira de Alvear y Norah Lange) Revista Iberoamericana 8.15 (1944): 31-47.

AZLOR, Clementina Isabel

POETRY

Arias, A. "'Novena de primavera.'" La Nueva Democracia 22.3 1941.

"Clementina Isabel Azlor: 'Eslabones.'" La Literatura Argentina (1934): 109.

García Santillán, J.C. "Clementina Isabel Azlor." Criterio 19 (1947): 63-64.

Gorosito, H. "La poesía de Clementina Isabel Azlor." Criterio 20 (1947): 1167-70, 1188-91.

Lotus, N. "Clementina Isabel Azlor: 'Río Abajo.'" Criterio 34 (1938): 319-20.

Suárez Calimano, E. "Clementina Isabel Azlor: 'Ritmos en el camino.'" Nosotros 56 (1929): 382-83.

BERTOLE, Emilia

POETRY

Carbalho González, J. "Un libro de mujer: 'Espejo en sombra.'" Nosotros 60 (1928): 241-45.

García Salaberry, A. "Emilia Bertolé." Nuestras Escuelas December 2, 1927.

BOSCO, María Angélica

NOVEL

Azzario, Esther A. "María Angélica Bosco and Beatriz Guido: An Approach to Two Argentinian Novelists Between 1960 and 1970." <u>Latin American Women Writers: Yesterday and Today.</u> Yvette E. Miller and Charles M. Tatum, Eds. Pittsburgh: Latin American Literary Review, 1977. 59-67.

BRUMANA, Herminia

GENERAL

Rodríguez Tarditi, José. <u>Herminia C. Brumana, escritora y maestra.</u> Buenos Aires, 1956.

Waspnir, Salomón. <u>Perfil y obra de Herminia Brumana.</u> Buenos Aires: Librería Perlado, 1957.

DRAMA

___. "El teatro de Herminia Brumana." <u>Imágenes y letras.</u> Buenos Aires: Instituto Amigos del Libro Argentino, 1955. 129-33.

PROSE

Carrera, Julieta. "Una notable escritora argentina." <u>América</u> 3.2 (1939): 37-40.

BULLRICH, Silvina

GENERAL

Frouman-Smith, Erica. "Female Roles in the Fiction of Silvina Bullrich." Diss. Albuquerque: U. of New Mexico, 1979. DAI 40, 1980, 4617 A.

Lewald, Ernest. "Aspects of the Modern Argentine Woman Writer: The Fiction of Silvina Bullrich and Mara Lynch." <u>Chasqui</u> 5.3 (1976): 19-26.

"Silvina Bullrich: Belleza, idioma, estilo." <u>Testigo</u> (1966): 71-73.

Argentina 17

NOVEL

Alcorta, Gloria. "Alrededor de un libro argentino." Ficción 2 (1952): 153-55.

Bazán, Juan F. "'La creciente.'" Narrativa paraguaya y latinoamericana. Asunción, 1976. 293-98.

Blanco Amor, José. "Por siempre best-seller." Cuadernos Americanos 181 (1972): 213-20.

Borges, Jorge Luis. "Silvina Bullrich Palenque: 'La redoma del primer ángel.'" Sur 111 (1944): 74-76.

Canto, Estela. "Silvina Bullrich: 'Bodas de cristal.'" Sur 211-12 (1952): 130-33.

Castellanos, Rosario. "Silvina Bullrich y la alta burguesía." El mar y sus pescaditos. México: Sepsetentas, 1975. 172-77.

Cócaro, Nicolás. Silvina Bullrich. Buenos Aires: Ediciones Culturales Argentinas, 1979.

Crespo, Julio. "Silvina Bullrich: 'Mañana digo basta.'" Sur 318 (1969): 76-77.

Ferreyra Basso, Juan G. "Silvina Bullrich Palenque: 'La tercera versión.'" Sur 129 (1945): 111-13.

Fox-Lockert, Lucía. "Silvina Bullrich." Women Novelists in Spain and Spanish America. Metuchen, N.J.: Scarecrow Press, 1979. 175-84.

Frouman-Smith, Erica. "The Paradoxes of Silvina Bullrich." Contemporary Authors of Latin America. Doris Meyer and Margarite Fernández Olmos, Eds. Brooklyn: College Press, 1983. 58-71.

Justo, Luis. "Silvina Bullrich: 'Los burgueses.'" Sur 291 (1964): 92-94.

Kaminsky, Amy. "The Real Circle of Iron" Mothers and Children, Children and Mothers, in Four Argentine Novels." Latin American Literary Review 4.9 (1976): 77-86.

Katra, William. "Psychological Aspects of Underdevelopment in the Contemporary Argentine Narrative." Revista de Estudios Hispánicos 14.3 (1980): 13-28.

Mathieu, Corina S. "Argentine Women in the Novels of Silvina Bullrich." Latin American Women Writers: Yesterday and Today. Yvette E. Miller and Charles M. Tatum, Eds. Pittsburgh, Latin American Literary Review, 1977. 68-74.

Meléndez, Concha. "Silvina Bullrich: 'Bodas de cristal.'" Asomante 10.2 (1954): 69-70.

___. "Silvina Bullrich: 'Mientras los demás viven.'" Asomante 15.2 (1959): 66-68.

Pacífico, Patricia. "A Feminists Approach to Three Latin American Writers." Una historia de la Universidad Interamericana. Río Piedras, P.R.: Interamericana U. Press, 1979. 136-42.

Plaza, Galvarino. "'Historia de un silencio.'" Cuadernos Hispanoamericanos 336 (1978): 570-71.

Sáez, Víctor. "Las dos últimas novelas de Silvina Bullrich." Ficción 35-37 (1962): 129-31.

Selva, Mauricio de la. "Silvina Bullrich: 'Los burgueses.'" Cuadernos Americanos 137 (1964): 287-89.

Solero, T.J. "'Teléfono ocupado' por Silvina Bullrich." Ficción 1 (1956): 177-79.

Tavenner, Anna C. "Aspectos de conflicto y enajenamiento de la mujer en las novelas de Silvina Bullrich, Beatriz Guido y Clarice Lispector." Diss. Lubbock: Texas Tech U., 1977. DAI 38, 1978, 3537 A.

Tusa, Bobs McElroy. "A Structural Analysis of 'Los burgueses' by Silvina Bullrich." Hispanófila 54 (1975): 51-60.

___. "The Works of Silvina Bullrich." Diss. New Orleans: Tulane U., 1972. DAI 33, 1973, 6377 A.

Wells, Marcia L. "El casamiento engañoso: Marriage in the Novels of María Luisa Bombal, Silvina Bullrich, and Elisa Serrana." Female Studies 9 (1975): 121-30.

SHORT STORY

Lindstrom, Naomi. "Literary Convention and Sex-Role Analysis: Silvina Bullrich's 'Abnegation.'" Denver Quarterly 17.2 (1982): 98-104.

BUNGE DE GALVEZ, Delfina

POETRY

Gouriet de St. Senoch, H. "Delfina Bunge de Galvez: 'Tierra del mar azul.'" Revue de L'Amérique Latine 19 (1930): 271.

Moreno, J.C. "Relatos infantiles de una escritora." Critero 11 (1939): 15.

Palacio, E. "'Tierras del mar azul' por Delfina Bunge de Galvez." Criterio February 14, 1929.

CANTO, Estela

NOVEL

Gibbs, Beverly Jean. "Spatial Treatment in the Contemporary Psychological Novel of Argentina." Hispania 45 (1962): 410-14.

Jurado, Alicia. "Estela Canto en la novela." Ficción 12 (1958): 83-90.

CASTILLO, Laura del

NOVEL

Lojo de Beuter, María Rosa. "Símbolos de la condición americana en 'Borrasíca en las clepsidras' de Laura del Castillo." Evaluación de la literatura femenina. Juana Alcira Arancibia, Ed. vol.1. San José: EDUCA, 1985. 193-206.

CASTRILLO, Cristina

DRAMA

Eidelberg, Nora. "'El asesinato de X.'" Teatro experimental hispanoamericano 1960-1980. La realidad social como manipulación. Minneapolis: Institute for the Study of Ideologies and Literature, 1985. 83-90.

CHOUHY AGUIRRE, Ana María

POETRY

Homenaje a Ana Chouhy Aguirre. Buenos Aires, 1948.

Viera, J.W. "'Los días perdidos' por Ana María Chouhy Aguirre." Criterio 10 (1947): 1221-22.

CODINA DE GAINNONI, Iverna

GENERAL

Agosti, Héctor P. "El mundo natural de Iverna Codina." La milicia literaria. Buenos Aires: Ediciones Sílaba, 1969. 143-46.

NOVEL

Nóbile, Beatriz de. "Iverna Codina: 'Los guerrilleros.'" Sur 318 (1969): 79-80.

Saúl, Raquel. "'Detrás del grito.'" Sur 279 (1962): 84-85.

Selva, Mauricio de la. "'Detrás del grito.'" Cuadernos Americanos 22.3 (1963): 268-69.

DEMITRÓPULOS, Libertad

NOVEL

Terrán de Bellomo, Herminia. "La novela como búsqueda de la identidad: Aproximaciones a 'Río de congojas' de Libertad Demitrópulos. Evaluación de la literatura femenina. vol.1. Juana Alcira Arancibia, Ed. San José: EDUCA, 1985. 207-21.

DOMINGUEZ, María Adela

POETRY

Adler, María Raquel. "María Adela Domínguez: 'Diez poemas.'" La Literatura Argentina 8 (1935): 278.

DOMINGUEZ, María Alicia

POETRY

Adler, María Raquel. "M. Alicia Domínguez: 'Canciones de la niña Andersen.'" La Literatura Argentina 10 (1934): 56.

Alvares Alonso, I. "Uma Brilhante poetisa argentina: María Alicia Domínguez." Ciencias e Letras 11-12.6 (1942): 11-12, 33-40.

Consinos-Assens, Rafaelo. "María Alicia Domínguez." Nosotros 67 (1930): 428-30.

"La demostración a María Alicia Domínguez." Nosotros 70 (1930): 330-33.

Espina, C. "María Alicia Domínguez." Repertorio Americano 21.502 (1930): 6.

Estrella Gutiérrez, F. "María Alicia Domínguez: 'Idolos de bronce.'" Nosotros 215 (1927): 205.

Fernández, J.R. "María Alicia Domínguez." Nosotros 73 (1931): 21-32.

González y Contreras, G. "María Alicia Domínguez: 'La cruz de la espada.'" Revista Iberoamericana 7 (1944): 439-40.

Gouriet de St. Senoch, H. "María Alicia Domínguez: 'El hermano ausente.'" Revue de L'Amérique Latine 20 (1930): 571-72.

Jáuiegui, F. "Poetisas americanas: María Alicia Domínguez." América Española 1 (1935): 102-107.

Morales, E. "Letras argentinas: 'El hermano ausente' por María Alicia Domínguez." Nosotros 245 (1929): 115-16.

Navarro, R. "'La muerte habitada' por María Adela Domínguez." Nosotros 15 (1941): 352-53.

Passini, N. "La Argentina en el canto de una fuerte poetisa." Nosotros 71 (1931): 73-77.

Percas de Ponseti, Helena. "La poesía de María Alicia Domínguez." Revista Hispánica Moderna 21 (1955): 127-40.

Pillement, G. "María Alicia Domínguez: 'Crepúsculos de oro.'" Revue de L'Amérique Latine 14 (1927): 178.

____. "María Alicia Domínguez: 'Idolos de bronce.'" Revue de L'Amérique Latine 15 (1928): 464.

Serantes, M. "María Alicia Domínguez: 'El nombre inefable.'" Nosotros 73 (1931): 345-47.

Sucieter Martínez, F. "María Alicia Domínguez: 'Mariquita Sánchez.'" Nosotros 4 (1937): 440-41.

Tild, J. "María Alicia Domínguez: 'Música de siglos.'" Revue de L'Amérique Latine 16 (1928): 461.

DUNCAN, Elena

POETRY

Chiappini, F. "'Las vivas llagas' por Elena Duncan." Criterio 14 (1942).

Sánchez Trincado, J.L. "Elena Duncan: 'Para las criaturas sin ojos.'" Fábula 1 (1938): 229-32.

ESCUDERO, María

DRAMA

Eidelberg, Nora. "'El asesinato de X.'" Teatro experimental hispanoamericano 1960-1980. La realidad social como manipulación. Minneapolis: Institute for the Study of Ideologies and Literature, 1985. 83-90.

ETCHEVERTS, Sara de

NOVEL

Adler, María Raquel. "Exposición femenina del libro latinoamericano." La Literatura Argentina 3.36 (1931): 366-72.

Masiello, Francine. "Sara de Etcheverts, the Contradicitions of Literary Feminism." Women in Hispanic Literature. Icons and Fallen Idols. Beth Miller, Ed. Berkeley: U. of California Press, 1983.

Argentina

FERRARI, Graciela

DRAMA

Eidelberg, Nora. "'El asesinato de X.'" Teatro experimental hispanoamericano 1960-1980. La realidad social como manipulación. Minneapolis: Institute for the Study of Ideologies and Literature, 1985. 83-90.

FUSELLI, Angélica

POETRY

Benítez de Aldama, E. "Angélica Fuselli: 'Nahuel Huapí.'" Criterio 16 (1943).

J.M.G.A. "Angélica Fuselli: 'Itinerario del alma que despierta y anda.'" Criterio 35 (1938): 99.

GALLARDO, Sara

NOVEL

Junquet, Ana María. "Sara Gallardo." Histonium (1971): 15-16.

Loubet, Jorgelina. "Lo cotidiano, el fulgor y el signo en la obra de actuales escritoras argentinas." Zona Franca 3.2 (1980): 7-23.

Miguel, María Esther de. "La mujer en su literatura y su responsabilidad como escritora." Revista de la Universidad Nacional de Córdoba 10.1 (1969): 321-37.

___. "Tres formas de soledad en tres novelas argentinas." Señales (1961): 6-14.

GAMBARO, Griselda

GENERAL

Carballido, Emilio. "Griselda Gambaro o modos de hacernos pensar en la manzana." Revista Iberoamericana 73 (1970): 629-34.

DRAMA

Arlt, Mirta. "Griselda Gambaro: La verdad tiene cara de absurdo." Revista Lyra 231-33 (1976).

Azcona Cranwell, Elizabeth. "Griselda Gambaro: 'Una felicidad con menos pena.'" Sur 315 (1968): 92-94.

Blanco Amores de Pagella, Angela. "Manifestaciones del teatro del absurdo en Argentina." Latin American Theatre Review 8.1 (1974): 21-24.

Boling, Becky. "From pin-ups to strip in Gambaro's 'El despojamiento.'" Latin American Theatre Review 20.2 (1987): 59-66.

Campra, Rosalba. "Participación de la mujer en el teatro." Revista de la Universidad Nacional de Córdoba 10.1-2 (1969): 427-57.

Cypess, Sandra Messinger. "Frankenstein's monster in Argentina: Griselda Gambaro's Two Versions." Revista Canadiense de Estudios Hispánicos (in preparation).

___. "Griselda Gambaro." Supplement to the Critical Survey of Drama. Frank Magill, Ed. Pasadena: Salem Press, 1987. 142.52.

___. "Physical Imagery in the Plays of Griselda Gambaro." Modern Drama 18.4 (1975): 357-64.

___. "The Plays of Griselda Gambaro." Dramatists in Revolt: The New Latin American Theater. Leon F. Lyday and George W. Woodyard, Eds. Austin: U. of Texas Press, 1976. 95-109.

___. "Titles as Signs in the Translation of Dramatic Texts." Translation Perspectives II: Selected Papers, 1984-1985. Marilyn Gaddis, Ed. Binghamton: Translation Research & Instruction Program, State U. of New York at Binghamton, 1985. 95-104.

De Moor, Magda Castellni. "El vanguardismo en el teatro hispánico de hoy: Fuentes, Gambaro y Ruibal." Diss. Amherst: U. of Massachusetts, 1980. DAI 40, 1980, 6302 A.

Driskell, Charles B. "Theatre in Buenos Aires: 1976-1977." Latin American Theatre Review 2 (1978): 103-10.

Feiman Waldman, Gloria. "Three Female Playwrights Explore Contemporary Latin American Reality." Latin American Women Writers: Yesterday and Today. Yvette E. Miller and Charles M. Tatum, Eds. Pittsburgh: Latin American Literary Review, 1977. 75-84.

Flynn, Susan Kingston. "The Alienated Hero in Contemporary Spanish American Drama." Diss. Urbana-Champaign: U. of Illinois, 1977. DAI 38, 1977, 299 A.

Foster, David William. "El lenguaje como vehículo espiritual. 'Los Siameses' de Griselda Gambaro." Escritura 4.8 (1979): 211-57.

___. "The Texture of Dramatic Action in the Plays of Griselda Gambaro." Hispanic Journal 1.2 (1980): 57-66.

Foster, Virginia Ramos. "Mario Trejo and Griselda Gambaro: Two Voices of the Argentine Experimental Theater." Books Abroad 42.4 (1968): 534-35.

Fox-Lockert, Lucía. "Aggression and Submission in Griselda Gambaro's 'The Walls.'" Michigan Academician (1987): 37-42.

Franco, Jean. "Self-destructing Heroines: The Minnesota Review 22 (1984): 105-15.

Garfield, Evelyn Picón. "Una dulce bondad que atempera las crueldades: 'El campo' de Griselda Gambaro." (Augmented version) Zona Franca 3.19 (1980): 28-36.

Gerdes, Dick. "Recent Argentine Vanguard Theatre: Gambaro's 'Información para extranjeros.'" Latin American Theatre Review 2.2 (1978): 11-16.

Giella, Miguel Angel. "El victimario como víctima en 'Los siameses' de Griselda Gambaro." Gestos: Teoría y práctica del teatro hispánico 2 3 (1987): 77-86.

Holzapfel, Tamara. "Evolutionary Tendencies in Spanish American Absurd Theatre." Latin American Theatre Review 13.2 (1980): 37-42.

___. "Griselda Gambaro's 'Theatre of the Absurd.'" Latin American Theatre Review 4.1 (1971): 5-11.

Kiss, Marilyn Frances. "The Labyrinth of Cruelty: A Study of Selected Works of Griselda Gambaro." Diss. New Brunswick: Rutgers U., 1981. DAI 43, 1982, 1160 A.

Laughlin, Karen L. "The Language of Cruelty: Dialogue Strategies and the Spectator in Gambaro's 'El desatino' and Pinter's 'Birthday Party.'" Latin American Theatre Review 20.1 (1986): 11-20.

Matharan de Potenze, Sylvia. "'Sucede lo que pasa.'" <u>Criterio</u> 1741 (1976): 311-12.

McAleer, Janice K. 'El campo' de Griselda Gambaro: Una contradicción de mensajes." <u>Revista Canadiense de Estudios Hispánicos</u> 7.1 (1982): 159-71.

___. "Contradictory Semantics of Verbal and Non verbal Language in the Theatre of Griselda Gambaro." Diss. Madison: U. of Wisconsin, 1982. DAI 43, 1983, 3611 A-3612 A.

Méndez-Faith, Teresa. "Sobre el uso y abuso de poder en la producción dramática de Griselda Gambaro." <u>Revista Iberoamericana</u> 51.132-33 (1985): 831-41.

Monti, Ricardo. "Teatro: 'Sucede lo que pasa.'" <u>Crisis</u> 39 (1976): 55.

Moor, Magda Castellvi de. "El vanguardismo en el teatro hispánico de hoy: Fuentes, Gambaro y Ruibal." Diss. Amherst, U. of Massachusetts, 1980. DAI 40, 1980, 6302 A.

Moretta, Eugene. "Reflexiones sobre la tiranía: Tres obras de teatro argentino contemporáneo." <u>Revista Canadiense de Estudios Hispánicos</u> 7.1 (1982): 141-47.

___. "Spanish American Theatre of the 50's and 60's: Critical Perspectives on Role Playing." <u>Latin American Theatre Review</u> 13.3 (1979): 5-30.

Muxó, David. "La violencia del doble: 'Los siameses' de Griselda Gambaro." <u>Prismal/Cabral</u> 2 (1978): 24-33.

Parsons, Robert A. "Reversals of Illocutionary Logic in Griselda Gámbro's 'Las paredes.'" <u>Things Done with Words: Speech Acts in Hispanic Drama.</u> Elias L. Rivers, Ed. Newark: Juan de la Cuesta, 1986.

Podol, Peter L. "Reality Perception and Stage Setting in Griselda Gambaro's 'Las paredes' and Antonio Buero Vallejo's 'La fundación.'" <u>Modern Drama</u> 24.1 (1981): 44-53.

Postma, Rosalea. "Space and Spector in the Theatre of Griselda Gambaro: 'Información para extranjeros.'" <u>Latin American Theatre Review</u> 14.1 (1980): 35-45.

Sáenz, Jorge Luis. 'El campo' de Griselda Gambaro." <u>Sur</u> 315 (1968): 122-23.

Schoo, Ernesto. "Teatro, Griselda Gambaro: El creador, un hombre como todos." Confirmado April 4, 1972: 42-44.

Smith, Paul. "The Complementary Role of the Secondary Character in Griselda Gambaro's 'Los siameses.'" Meridiano 6 (1978).

Szichman, Mario. "Il teatro latinoamericano: Alla recerca d'una identitá." Sipario 292-93 (1970): 32-34.

Taylor, Diana, Ed. En busca de una imagen: Ensayos sobre el teatro de Griselda Gambaro y José Triana. Ottawa: Girol, 1988.

Tschudi, Lilian. "El teatro de Griselda Gambaro." Teatro argentino actual 1960-1972. Buenos Aires: Cambeiro, 1974. 88-93.

Valenzuela, Víctor M. "Griselda Gambaro: 'El campo.'" Siete comediógrafas hispanoamericanas. Bethlehem: Lehigh U., 1975. 81-85.

Woodyard, George. "The Theatre of the Absurd in Spanish America." Comparative Drama 3.3 (1969): 183-92.

Zalacaín, Daniel. "Marqués, Díaz, Gambaro: Temas y técnicas absurdistas en el teatro hispanoamericano." Diss. Chaper Hill: U. of North Carolina, 1976. DAI 38, 1977, 820 A.

———. "El personaje 'Fuera del juego' en el teatro de Griselda Gambaro." Revista de Estudios Hispánicos 14.2 (1980): 59-71.

Zayas de Lima, Perla. Relevamiento del teatro argentino 1943-1975. Buenos Aires: Editorial Rodolfo Alonso, 1983. 144-56.

NOVEL

Araújo, Helena. "El tema de la violación en Armonía Somers y Griselda Gambaro." Plural: Revista Cultural de Excelsior 15.179 (1986): 21-23.

GANDARA, Carmen

GENERAL

Rodríguez, Cecilia R. Silva de. "Carmen Gándara: Pensamiento, temática y estilo." Diss. Norman: U. of Oklahoma, 1975. DAI 36, 1975, 2234 A.

GENEYRO, Angela

POETRY

Hernández, Jorge Alberto. Seis poetas de Santa Fé de principios de siglo. Santa Fé: Ediciones Colmegna, 1971. 19-24.

GORODISCHER, Angélica

GENERAL

Dellepiane, Angela B. "Contar = Mester de fantasía o la narrativa de Angélica Gorodischer." Revista Iberoamericana 51.132-33 (1985): 627-40.

Lagmanovich, David. "Gandolfo, Gorodischer, Martini: Tres narradores jóvenes de Rosario." Chasqui 4.2 (1975): 18-28.

Vásquez, María Esther. "Angélica Gorodischer: Una escritora latinoamericana de ciencia ficción." Revista Iberoamericana 49.123-24 (1983): 571-76.

SHORT STORY

Mosier, M. Patricia. "Communicating Transcendence in Angélica Gorodischer's 'Trafalgar.'" Chasqui 12.2-3 (1983): 63-71.

GRANATA, María

POETRY

"Aparece una estrella de primera magnitud en la literatura argentina con 'Umbral de tierra.'" Repertorio Americano May 29, 1943.

Baldi, G. "'Umbral de tierra' de María Granata." Nosotros 18 (1942): 336-39.

García Hernández, M. "Una nueva mujer en la poesía argentina." Revista Bibliográfica 1.2-3 (1944): 29-30.

GUIDO, Beatriz

GENERAL

Fernández Capello, Manuel. "Los escritores y los medios de comunicación." La Nación August 20, 1972.

García Baldassarre, Julia. "El retorno de Beatriz Guido." Opiniones (1980): 51-53.

Gibson, Christine. "Cinematic Techniques in the Prose Fiction of Beatriz Guido." Diss. East Lansing: Michigan State U., 1974. DAI, 36, 1974, 310 A.

Mahieu, José Agustín. "Beatriz Guido: Las dos escrituras." Cuadernos Hispanoamericanos 437 (1986): 153-68.

Morales Benítez, Otto. "Obras y diálogo de Beatriz Guido." Universidad Pontificia Boliviana 90 (1962): 269-307.

NOVEL

Agosti, Héctor Pablo. Cantar opinando. Buenos Aires: Editorial Boedo, 1982.

Aguilar, Juan Bautista. "Un libro para los argentinos [Fin de fiesta]." Por qué 18 (1959): 1-12.

Alonso, Fernando, and Arturo Rezzano. "Beatriz Guido." Novela y sociedad argentinas. Buenos Aires: Editorial Paidós, 1971. 184-93.

Azzario, Esther A. "María Angélica Bosco and Beatriz Guido: An Approach to Two Argentinian Novelists Between 1960 and 1970." Latin American Women Writers: Yesterday and Today. Yvette E. Miller and Charles M. Tatum, Eds. Pittsburgh: Latin American Literary Review, 1977. 59-67.

Bioy Casares, Adolfo. "Beatriz Guido: 'La caída.'" Sur 243 (1956): 82-83.

Diego, Celia de. "'Fin de fiesta.'" Ficción 20 (1959): 160-63.

Díaz, Gwendolyn Josie. "La heroína y sus imágenes: Desarrollo del personaje femenino en la novelística de Beatriz Guido, Marta Lynch y Syria Poletti." Diss. Austin: U. of Texas, 1981. DAI 42, 1982, 3174 A.

Escarri, Raúl, et al. "Dos novelas sobre el peronismo y una sobre la burguesía." El Escarabajo de Oro 28 (1965): 10-13.

Fernández de Robinson, Lillian Rosa. "Argentinian Politics in Beatriz Guido's Trilogy." Diss. Boulder: U. of Colorado, 1977. DAI 38, 1977, 4192 A.

Fox-Lockert, Lucía. "Beatriz Guido." Women Novelists in Spain and Spanish America. Metuchen, N.J.: Scarecrow Press, 1979. 216-28.

Ghiano, Juan Carlos. "El testimonio de una novelista." Ficción 19 (1959): 107-10.

Jitrik, Noé. "Beatriz Guido." Seis novelistas argentinos de la nueva promoción. Mendoza: Cuadernos de Versión, 1959. 55-59.

Marval-Mc Nair, Nora de. "El incendio y las vísperas de Beatriz Guido: Claves para el rescate de un mundo mutilado." Selected Proceedings of the Mid-America Conference on Hispanic Literature. Luis T. González-del-Valle and Catherine Nickel, Eds. Lincoln: Society of Spanish and Spanish American Studies, 1986.

___. "Adolescencia y hechizo en el mundo literario de Beatriz Guido." Círculo. Revista de Cultura 10 (1981): 29-40.

Morales Benítez, Otto. "Obras y diálogos en Beatriz Guido." Universidad Pontificia Boliviana 90 (1962): 296-307.

Rodríguez Monegal, Emir. "Beatriz Guido." El arte de narrar. Caracas: Monte Avila, 1968. 199-217.

Tavenner, Anna C. "Aspectos de conflicto y enajenamiento de la mujer de las novelas de Silvina Bullrich, Beatriz Guido y Clarice Lispector." Diss. Lubbock: Texas Tech U., 1977. DAI 38, 1978, 3537 A.

Villordo, Oscar Hermes. "B. Guido: 'La mano en la trampa.'" Sur 275 (1962): 108-109.

Viñas, David. "Niños y criados favoritos: 'De Amalia a Beatriz Guido a través de 'La gran aldea.'" Literatura argentina y realidad política. Buenos Aires: J. Alvarez, 1964. 81-121.

Viola Soto, Carlos. "Beatriz Guido. 'La casa del ángel.'" Sur 235 (1955): 95-96.

SHORT STORY

Dall'Orto, María. "Beatriz Guido cuentista." Señales (1961): 29-32.

Lewald, Ernest. "Alienación y eros en tres cuentos de Beatriz Guido, Marta Lynch y Amalia Jamilis." Káñina (1974): 35-39.

———. "Alienation and Eros in Three Stories by Beatriz Guido, Marta Lynch, and Amalia Jamilis." Theory and Practice of Feminist Literary Criticism. Gabriela Mora and Karen S. Van Hooft, Eds. Ypsilanti: Bilingual, 1982. 175-85.

HEKER, Liliana

SHORT STORY

Smolen, Marian L. "Liliana Heker: Preserving the Texture of the Text." Translation Review 7 (1981): 41-45.

IZAGUIRRE, Ester de

POETRY

Lajo de Beuter, María Rosa. "Ester de Izaguirre. Una poética de la sintesis." Letras de Buenos Aires 2.8 (1983): 47-51.

JAMILIS, Amalia

SHORT STORY

Kaminsky, Amy Katz. "Women Writing About Prostitutes: Amalia Jamilis and Luisa Valenzuela." The Image of the Prostitute in Modern Literature. Pierre L. Horn and Mary Beth Pringle, Eds. New York: Ungar, 1984. 119-31.

Lewald, Ernest. "Alienación y eros en tres cuentos de Beatriz Guido, Marta Lynch y Amalia Jamilis." Káñina (1979): 35-39 (in English see under Guido).

JURADO, Alicia

NOVEL

Pucciarelli, Elsa T. de. "Alicia Jurado, hechicera de la tribu." Sur 348 (1981): 41-48.

LAMARQUE, Nydia

POETRY

Doll, Ramón. "Poesía maquinista 'Los cíclopes' de Nydia Lamarque.'" Reconocimientos (Críticas) Buenos Aires: Rosso, 1932. 23-36.

Gouriet de St. Senoch, H. "Nydia Lamarque: 'Elegía del gran amor.'" Revue de L'Amérique Latine 16 (1928): 169.

López Palmero, M. "Nydia Lamarque: 'Elegía del gran amor.'" Nosotros 58 (1927): 318-27.

Zía, L. "'Elegía del gran amor' por N. Lamarque." La Gaceta del Sur 4-5 (1928).

LANGE, Norah

NOVEL

Bietti, O. "Norah Lange: 'Cuadernos de infancia.'" Nosotros 8 (1937): 315-28.

Borges, Jorge Luis. "Norah Lange: 'Voz de la vida.'" Síntesis (1928): 101-102.

Doll, Ramón. "Literatura femenina: 'Voz de la vida' de Norah Lange." Nosotros 22.230 (1928): 87-94.

Estrella Gutiérrez, F. "Letras argentinas: 'Voz de la vida' por Norah Lange." Nosotros 22 (1928): 109.

Ferro, H. "Norah Lange: 'Cuadernos de infancia.'" Revista de Educación 8.6 (1940): 85-87.

González, J.B. "Norah Lange: '45 días y 30 marineros.'" Nosotros 81 (1934): 112-14.

Martínez Estrada, Ezequiel. "Con motivo de 'Los dos retratos' de Norah Lange." Ficción 6 (1957): 148-54.

POETRY

Carrera, Julieta. "Tres poetisas argentinas." Cuadernos de Ruedo Ibérico 8.15 (1944): 31-47.

Lindstrom, Naomi. "Norah Lange: Presencia desmonumentalizadora y femenina en la vanguardia argentina." Crítica Hispánica 5.2 (1983): 131-48.

Méndez, E. "Doce poetas nuevas." Síntesis 4 (1927): 15-33, 5 (1927): 203-19.

Nielsen, C. "Norah Lange: 'El rumbo de la rosa.'" Vida Literaria January 1931.

Percas de Ponseti, Helena. "Norah Lange y su poesía." Hispania 36 (1953): 79-84.

Scrimaglio, Marta. "Norah Lange." Literatura argentina de vanguardia, 1920-1930. Buenos Aires: Editorial Biblioteca, 1974. 186-95.

PROSE

Canal Feijóo, B. "Norah Lange: 'Discursos.'" Sur 12.110 (1943): 103-107.

Giusti, Roberto F. "'Discursos' de Norah Lange." Nosotros 20 (1943): 102.

LEHMANN, Martha

DRAMA

Campra, Rosalba. "Participación de la mujer en el teatro." Revista de la Universidad Nacional de Córdoba 10.1-4 (1969): 427-57.

LEVINSON, Luisa Mercedes

GENERAL

Correas de Zapata, Celia. "Elementos fantásticos y mágico-realistas en la obra de Luisa Mercedes Levinson." Ensayos Hispanoamericanos. Buenos Aires: Ediciones Corregidor, 1978. 245-74.

Jorgi, Sebastián Antonio. "El realismo mágico en la narrativa de Luisa Mercedes Levinson." Evaluación de la literatura femenina. vol.1. Juana Alcira Arancibia, Ed. San José: EDUCA, 1985. 223-34.

NOVEL

Blanco Amor, José. "'La isla de los organilleros' y la novela femenina argentina." Cuadernos Hispanoamericanos 65 (1966): 156-58.

Azzario, Esther A. "Presagio y transfiguración en dos cuentos fantásticos de Luisa Mercedes Lévinson." Revista Universitaria de Letras, 2.1 (1980): 98-104.

SHORT STORY

Lipp, Solomón. "Los mundos de Luisa Mercedes Levinson: Cuentista." Revista Iberoamericana 45.108-109 (1979): 583-93.

LOUBET, Jorgelina

GENERAL

Gómez Paz, Julieta. "La obra narrativa de Jorgelina Loubet." Insula: Revista de Letras y Ciencias Humanas 37.430 (1980): 15.

NOVEL

Peltzer, Federico. "Dos nuevas novelistas argentinas." Ficción (1961): 169-71.

LYNCH, Marta

GENERAL

Birkemoe, Diane S. "The Virile Voice of Marta Lynch." Revista de Estudios Hispánicos 16.2 (1982): 191-211.

Díaz, Gwendolyn. Páginas de Marta Lynch. Buenos Aires: Celtia, 1983.

Fernández Capello, Manuel. "Los escritores y los medios de comunicación." La Nación August 20, 1972.

Lewald, Ernest. "Aspects of the Modern Argentine Woman: The Fiction of Silvina Bullrich and Marta Lynch." Chasqui 5.3 (1976): 19-26.

Lindstrom, Naomi. "The Literary Feminism of Marta Lynch." Critique 20.2 (1978): 49-58.

NOVEL

Bennett, Bernice Lynne. "Narrative Structure in the Novels of Marta Lynch." Diss. Davis: U. of California, 1981. DAI 42, 1981, 1169 A.

Billman, Lynne Lois. "The Political Novels of Lucila Palacios and Marta Lynch." Diss. Washington D.C.: Catholic U. of America, 1976. DAI 37, 1976, 1580 A.

Díaz, Gwendolyn. "Images of the Heroine: Development of the Female Character in the Novels of Beatriz Guido, Marta Lynch, and Syria Poletti." Diss. Austin: U. of Texas, 1981. DAI 42, 1982, 3174 A.

Foster, David William. Alternate Voices in the Contemporary Latin American Narrative. Columbia: U. of Missouri Press, 1985. 121-26.

___. "Marta Lynch: The Individual and the Argentine Political Process. 'La penúltima versión de la Colorada Villanueva.'" Latin American Digest 13.3 (1979): 8-9.

___. "Narrativa testimonial argentina en los años del 'proceso.'" Plural 13-6.150 (1984): 21-23.

Kaminsky, Amy. "Marta Lynch: The Expanding Political Consciousness of an Argentine Women Writer." Diss. U. Park: Pennsylvania State U., 1975. DAI 36, 1976, 4531 A-4532 A.

___. "The Real Circle of Iron: Mothers and Children, Children and Mothers, in Four Argentine Novels." Latin American Literary Review 4.9 (1976): 77-86.

Lagmanovich, David. "Novela sin vencedor." Sur 302 (1966): 81-84.

Lindstrom, Naomi. "Women's Discourse Difficulties in a Novel by Marta Lynch." Ideologies and Literature 4.17 (1983): 339-47.

Lynch, Marta. "Con mi obra." Hispamérica 3.7 (1974): 61-64.

Mosier, Mary Patricia. "An Ideological Study of the Novels of Marta Lynch." Diss. Madison: U. of Wisconsin, 1979. DAI 40, 1979, 3335 A.

SHORT STORY

Cornejo Polar, Antonio. "'Los dedos de la mano.'" Revista de Crítica Literaria Latinoamericana 3 (1976): 114-15.

Flori, Mónica. "El mundo femenino de Marta Lynch y Elena Poniatowska." Letras Femeninas 9.2 (1983): 23-30.

Lewald, Ernest. "Alienación y eros en tres cuentos de Beatriz Guido, Marta Lynch y Amalia Jamilis." Káñina (1979): 35-39 (in English see Guido).

Lindstrom, Naomi. "The Literary Feminism of Marta Lynch." Critique: Studies of Modern Fiction 20.2 (1978): 49-58.

___. "Woman's Voice in the Short Stories of Marta Lynch." The Contemporary Latin American Short Story. Rose S. Minc, Ed. New York: Senda Nueva, 1979. 148-54.

MAHIEU, Roma

DRAMA

Bixler, Jacqueline Eyring. "Games and Reality on the Latin American Stage." Latin American Literary Review 12.24 (1984): 23-35.

Driskell, Charles B. "Theatre in Buenos Aires: 1976-1977." Latin American Theatre Review 11.2 (1978): 103-10.

Martínez, Martha. "Seis estrenos del teatro argentino en 1976." Latin American Theatre Review 11.2 (1978): 99-101.

___. "Tres nuevas dramaturgas argentinas: Roma Mahieu, Hebe Uhart y Diana Raznovich." Latin American Theatre Review 13.2 (1980): 39-45.

MALINOW, Inés

NOVEL

Meyer, Doris. "Woman's Space, Woman's Text: A New Departure in Inés Malinow's 'Entrada libre.'" Latin American Literary Review 12.23 (1983): 41-50.

MIGUEL, María Ester de

NOVEL

Barufaldi, Rogelio. "Soledad y vocación en la última narrativa argentina." Señales (1962): 5-18.

Fuentes, Pedro Miguel. "Dios y la teología del incidente en 'La hora undécima.'" Estudios 528 (1961): 610-21.

Peltzer, Federico. "Dos nuevas novelistas argentinas." Ficción (1961): 169-71.

MOLLOY, Sylvia

NOVEL

Masiello, Francine R. "'En breve cárcel': La producción del sujeto." Hispamérica 14.41 (1985): 103-12.

NUÑEZ, Luisa

DRAMA

Eidelberg, Nora. "'El asesinato de X.'" Teatro experimental hispanoamericano, 1960-1980. La realidad social como manipulación. Minneapolis: Institute for the Study of Ideologies and Literature, 1985. 83-90.

OCAMPO, Silvina

GENERAL

Castellanos, Rosario. "Silvina Ocampo y el 'más acá'." Mujer que sabe latín. México: Sepsetentas, 1973. 149-53.

Matamoro, Blas. "La nena terrible." Oligarquía y literatura. Buenos Aires: Sol, 1975. 143-221.

Pezzoni, Enrique. "Silvina Ocampo: Orden fantástico, orden social." El texto y sus voces. Buenos Aires: Sudamericana, 1986. 187-216.

Ulla, Noemí "Trayectoria y análisis de Silvina Ocampo." Evaluación de la literatura femenina. vol.1. Juana Alcira Arancibia, Ed. San José: EDUCA, 1985. 173-80.

NOVEL

Bietti, O. "Silvina Ocampo, 'Viaje olvidado.'" Nosotros 5 (1937): 328-29.

Chacel, R. "'Los que aman, odian' por Silvina Ocampo y Adolfo Bioy Casares." Sur 143 (1946): 75-81.

Ocampo, Victoria. "Ocampo, Silvina: 'Viaje olvidado.'" Sur 7.35 (1937): 118-21.

POETRY

Borges, Jorge Luis. "Silvina Ocampo, "Enumeración de la patria.'" Sur 12.101 (1943): 64-67.

Camuffo, Marta A. "Silvina Ocampo: Poemas (de amor desesperado) y reflexión poética. Evaluación de la literatura femenina. vol.1. Juana Alcira Arancibia, Ed. San José: EDUCA, 1985. 181-91.

Chouky Aguirre, Ana María. "Silvina Ocampo, 'Enumeración de la patria.'" Verde Memoria 5 (1943): 22-23.

García Marruz, F. "'Espacios métricos.' Silvina Ocampo." Orígenes 3.11 (1949): 44-45.

Martínez Estrada, E. "Silvana Ocampo, 'Espacios métricos.'" Sur 15.137 (1946): 82-86.

Percas de Ponseti, Helena. "La original expresión poética de Silvina Ocampo." Revista Iberoamericana 19.38 (1954): 283-98.

Varela Avellaneda, C. "Silvana Ocampo, 'Enumeración de la patria.'" Sustancia. Revista de Cultura Superior 4 (1943): 386-88.

SHORT STORY

Aponte, Barbara B. "The Initiation Archetype in Arguedas, Roa Bastos, and Ocampo." Latin American Literary Review. 11.21 (1982): 45-55.

Araújo, Helena. "Ejemplo de la 'niña impura' en Silvina Ocampo y Alba Lucía Angel." Hispamérica 13.38 (1984): 27-35.

___. "Erotismo y perversión en un cuento de Silvina Ocampo. Río de la Plata 1 (1985).

Balderston, Daniel. "Los cuentos crueles de Silvina Ocampo y Juan Rodolfo Wilcock." Revista Iberoamericana 49.125 (1983): 743-52.

Ghiano, Juan Carlos. "Silvina Ocampo y su realidad." Ficción 22 (1959): 66-68.

Meehan, Thomas C. "Los niños perversos en los cuentos de Silvina Ocampo." Essays on Argentine Narrators. Valencia: Albatros Edición Hispanófila, 1982. 31-44.

Molloy, Sylvia. "Silvina Ocampo: La exageración como lenguaje." Sur 320 (1969): 15-24.

___. "Simplicidad inquietante en los relatos de Silvina Ocampo." Lexis 2.2 (1978): 241-51.

Morán, Carlos Roberto. "'La furia y otros cuentos.'" Revista Nacional de Cultura 228 31 (1977): 230-32.

Perassi, Emilia. "Retratto e fotografía: Note per due racconti di Silvina Ocampo." Quaderni Ibero-Americani 55-56 (1982-83): 387-90.

Pizarnik, Alejandra. "Dominios ilícitos 'El pecado mortal.'" Sur 311 (1968): 91-95.

Poggi, Giulia. "'Las vestiduras peligrosas' di Silvina Ocampo: Analisi di un'antifiaba." Studi Ispanici (1978): 145-62.

Sola, Graciela de. "Silvina Ocampo. 'La furia y otros cuentos.'" Revista de Literaturas Modernas 2 (1960): 176-77.

OCAMPO, Victoria

GENERAL

Estú, Emiliu. "El problema estético en la obra de Victoria Ocampo." Cuadernos del Idioma 8 (1967): 27-49.

Jurado, Alicia. "Victoria Ocampo, mi predecesora." Boletín de la Academia Argentina de Letras 46.179-82 (1981): 81 95.

Meyer, Doris. "The Multiple Myths of Victoria Ocampo." Revista/Review Interamericana 12.3 (1982): 385 92.

Ortega, Julio. "Victoria Ocampo y Sur." Lexis 5.1 (1981): 187-92.

Victoria, Marcos. <u>Un coloquio sobre Victoria Ocampo.</u> 2nd.ed. Buenos Aires: Luis Fariña, 1963.

DRAMA

Suárez Aboy, Néstor. "Victoria Ocampo." <u>Boletín Informativo del Instituto Nacional de Estudios de Teatro</u> 10 (1979): 5-7.

ESSAY

Anderson Imbert, Enrique. "Victoria Ocampo. 'Testimonios'; tercera serie." <u>Sur</u> 139 (1946): 72-73.

Bastos, María Luisa. "Escrituras ajenas , expresión propia: 'Sur y los testimonios' de Victoria Ocampo." <u>Revista Iberoamericana</u> 46.110-11 (1980): 123-37.

Correas de Zapata, Celia. "Victoria Ocampo y Virginia Woolf: La rebeldía en el ensayo." <u>Ensayos Hispanoamericanos.</u> Buenos Aires: Ediciones Corregidor, 1978. 165-81.

Cortázar, Julio. "Victoria Ocampo: 'Soledad Sonora.'" <u>Sur</u> 192-94 (1950): 194-97.

Foster, David William. "Victoria Ocampo: Literaturizando lo personal." <u>Para una lectura semiótica del ensayo latinoamericano: Textos representativos.</u> Madrid: Porrúa Turanzas, 1983. 127-32.

Gallo, Marta. "Las crónicas de Victoria Ocampo: Versatilidad y fidelidad de un género." <u>Revista Iberoamericana</u> 51.132-33 (1985): 679-86.

Greenberg, Janet Beth. "The Divided Self: Forms of Autobiography in the Writings of Victoria Ocampo." Diss. Berkeley: U. of California, 1986.

Henríquez Ureña, Pedro. "Victoria Ocampo: 'Testimonios'; Segunda serie." <u>Sur</u> 89 (1942): 65-67.

Kason, Nancy M. "Los ensayos feministas de Victoria Ocampo." <u>Atenea</u> (1985).

Liscano, Juan. "Victoria Ocampo; Testimonio en fervor." <u>Sur</u> 312 (1968): 64-68.

Martínez Estrada, Ezequiel. "Nuevos 'Testimonios' de Victoria Ocampo." <u>Cuadernos Americanos</u> 135 (1964): 273-78.

Matamoro, Blas. "La estética del inventario." Oligarquía y Literatura. Buenos Aires: Sol, 1975. 223-71.

Meyer, Doris. "'Feminine' Testimony in the Works of Teresa de la Parra, María Luisa Bombal, and Victoria Ocampo." Contemporary Women Authors of Latin America. Doris Meyer and Margarita Fernández Olmos, Eds. Brooklyn, Brooklyn College Press, 1983. 3-15.

___. "Victoria Ocampo: A Thirst for the Ultimate." Visvabharat Quartertly 44.3-4 (1978-79): 113-29.

Pezzoni, Enrique. "Victoria Ocampo escritora." Sur 348 (1981): 143-50.

Sánchez, Luis Alberto. "Victoria Ocampo: Escritores Representativos de América; Tercera serie. Madrid: Gredos, 1976. 7-21.

Torre, Guillermo de. "Victoria Ocampo, memorialista." Tres conceptos de la literatura hispanoamericana. Buenos Aires: Losada, 1963. 96-114.

OROZCO, Olga

POETRY

Colombo, Stella Maris. Metáfora y cosmovisión en la poesía de Olga Orozco. Buenos Aires: Cuadernos Aletheia de Investigación y Ensayo, 1983.

Gómez Paz, Julieta. "Nostalgia del paraíso." Cuatro actitudes poéticas. Buenos Aires: Conjunta Editores, 1977. 51-59.

Lindstrom, Naomi. "Olga Orozco: La voz poética que llama entre mundos." Revista Iberoamericana 51.132-33 (1985): 765-75.

Piña, Cristina. "'Carina,' de Olga Orozco: Un análisis estilístico." Explicación de Textos Literarios 12.2 (1983-84): 59-78.

Tacconi, María del Carmen. "Para una lectura simbólica de Olga Orozco." Sur 348 (1981): 115-23.

SHORT STORY

Loubet, Jorgelina. "Lo cotidiano, el fulgor y el signo en la obra de actuales escritoras argentinas." Zona Franca 3.2 (1980): 7-23.

ORPHEE, Elvira

GENERAL

Bastos, María Luisa. "Una escritora argentina: Elvira Orphée." Zona Franca 3.44 (1967): 24-26.

Garfield, Evelyn Picón. "'Desprendida a hachazos de la eternidad': Lo primordial en la obra de Elvira Orphée." Journal of Latin American Lore 5.1 (1979): 3-23.

NOVEL

Alvarez Sosa, Arturo. "Su demonio preferido." La Gaceta July 8, 1973: 2.

Bastos, María Luisa. "Tortura y discurso autoritario: 'La última conquista de El ángel' de Elvira Orphée." The Contemporary Latin American Short Story. Rose S. Minc, Ed. New York: Senda, 1979. 112-19.

Castillo, Abelardo. "'Uno', novela de Elvira Orphée." Ficción 32 (1961): 78.

Chacel, Rosa. "Un libro ciertamente nuevo." Sur 245 (1957): 111-17.

Chevigny, Bell. "Ambushing the Will to Ignorance: Elvira Orphée's 'La última conquista de El ángel' and Marta Traba's 'Conversación al sur.'" El cono sur: Dinámica y dimensiones de su literatura. Rose S. Minc, Ed. Upper Montclair, 1985. 98-104.

Crespo, Julio. "'Aire tan dulce.'" Sur 307 (1967): 47-49.

Díaz, Gwendolyn. "Escritura y palabra: 'Aire tan dulce' de Elvira Orphée." Revista Iberoamericana 51.132-33 (1985): 641-48.

Ferro, Hellén. "'Uno', en su libro de Elvira Orphée." Clarín July 13, 1961: 2.

Hernán Silva, Raúl. "'Uno.'" Anales de la Universidad de Chile 120.125 (1962): 341-45.

Justo, Luis. "Elvira Orphée y sus novelas." Sur 315 (1968): 88-89.

Loubet, Jorgelina. "Lo cotidiano, el fulgor y el signo en la obra de actuales escritoras argentinas." Zona Franca 3.2 (1980): 7-23.

Miguel, María Esther de. "La mujer en su literatura y su responsabilidad como escritora." Revista de la Universidad Nacional de Córdoba 10.1-2 (1969): 321-37.

Moctezuma, Edgardo. "Para mirar lejos antes de entrar: Los usos del poder en 'Aire tan dulce' de Elvira Orphée." Revista Iberoamericana 49.125 (1983): 929-42.

PIZARNIK, Alejandra

POETRY

Amat, María. "La erótica del lenguaje en Alejandra Pizarnik y Monique Wittig." Nueva Estafeta 12 (1979): 47-54.

Aronne-Amestoy, Lida. "La palabra en Pizarnik o el miedo de Narciso." Inti 18-19 (1983-84): 229-44.

Beneyto, Antonio. "Alejandra Pizarnik: Ocultándose en el lenguaje." Quimera: Revista de Literatura 34 (1983): 23-27.

Cámara, Isabel. "Literatura o la política del juego en Alejandra Pizarnik." Revista Iberoamericana 51.132-33 (1985): 581-89.

Cobo Borda, J.G. "Alejandra Pizarnik (29-IV-1939--25-IX-1972)." La alegría de leer. Bogotá: Instituto Colombiano de Cultura, 1976. 63-80.

Gardiner, Elaine Penkethman. "Translations of Selected Poems by Ten Contemporary French and Spanish Women Poets with a Critical Introduction." Diss. Athens: Ohio U., 1975. DAI 36, 1976, 6672-6673 A.

Lagmanovich, David. "La poesía de Alejandra Pizarnik." XVII Congreso del Instituto Internacional de Literatura Iberoamericana: El Barroco en América; Literatura Hispanoamericana; Crítica histórico-literaria Hispanoamericana. Madrid: Cultura Hispánica del Centro Iberoamericano de Cooperación; Centro Iberoamericano de Cooperación, Universidad Complutense de Madrid, 1978. 885-95.

Lasarte, Francisco. "Más allá del surrealismo: La poesía de Alejandra Pizarnik. Revista Iberoamericana 49.125 (1983): 867-77.

Malinow, Inés. "Juicios críticos." Poesía argentina contemporánea. 1.6 (1980): 2833-40.

Peri Rossi, Cristina. "Alejandra Pizarnik o la tentación de la muerte."
Cuadernos Hispanoamericanos 273 (1973): 584-88.

Pezzoni, Enrique. "Alejandra Pizarnik: La poesía como destino." En
su El texto y sus voces. Buenos Aires: Sudamericana, 1986.
156-61.

Piña, Cristina. "Alejandra Pizarnik o el yo transformado en lenguaje."
Revista Nacional de Cultura 45.251 (1983): 69-78.

Running, Thorpe. "The Poetry of Alejandra Pizarnik," Chasqui 14.2-3
(1985): 45-55.

Roggiano, Alfredo A. "Alejandra Pizarnik: Persona y poesía." Letras
de Buenos Aires 1.2 (1981): 49-58.

Solá, Graciela de. "Aproximaciones místicas en la nueva poesía
argentina." Cuadernos Hispanoamericanos 219 (1968): 545-53.

Vela, Rubén. "Alejandra Pizarnik: Una poesía existencial."
Repertorio Latinoamericano 9.55 (1983): 4-7.

POLETTI, Syria

GENERAL

Correas de Zapata, Celia. "Syria Poletti: Crónica de una rebeldía."
Ensayos Hispanoamericanos. Buenos Aires: Ediciones
Corregidor, 1978. 203-22.

NOVEL

Barufaldi, Rogelio. "'Gente conmigo' de Syria Poletti." Señales 140
(1963): 37-41.

Castelli, Eugenio. "La palabra-mito en las novelas de Syria Poletti."
Sur 348 (1981): 101-107.

___. "Para una evaluación crítica de novelística de Syria Poletti."
Káñina 9.2 (1985): 51-56.

Díaz, Gwendolyn Josie. "Images of the Heroine: Development of the
Female Character in the Novels of Beatriz Guido, Marta
Lynch, and Syria Poletti." Austin: U. of Texas, 1981. DAI 42,
1982, 3174 A.

Lacán, María Hortensia. "'Gente conmigo', testimonio y arte."
Bibliograma 22 (1963): 11-12.

Mathieu, Corina Sara. "Syria Poletti, intérprete de la realidad argentina." Sin Nombre 13.3 (1983): 87-93.

Poletti, Syria. "'Gente conmigo' y el pueblo del libro." Davar (1964): 189-93.

PRILUTZSKY FARNY DE ZINNY, Julia

NOVEL

Adler, María Raquel. "Julia Prilutzsky Farny de Zinny: 'Títeres imperiales.'" La Literatura Argentina 4 (1963): 93.

POETRY

Blanco Villalta, J. G. "Julia Prilutzsky Farny: "Intervalo.'" El Universal June 22, 1941.

Brunet, Marta. "'Viaje sin partida.'" Conducta 10 (1940).

Gullo, A. "J. Prilutzsky Farny: 'Intervalo.'" Argentina Libre April 3, 1941.

Lanuza, J.F. "Los sonetos de Julia Prilutzsky." Argentina Libre April 18, 1940.

Peyró de Martínez Ferrer, G. "Julia Prilutzsky Farny de Zinny: 'Viaje sin partida.'" Nosotros 12 (1940): 297-99.

RAFFO, Hortensia Margarita

POETRY

Adler, María Raquel. "'Canciones de sal y cuestas' por Hortensia Margarita Raffo." La Literatura Argentina (1935): 277.

___. "Hortensia Margarita Raffo: 'Romances fueguinos.'" La Literatura Argentina 9 (1934): 23.

Cónsole, A. "Una nueva poetisa: Hortensia Margarita Raffo." La Literatura Argentina 7 (1934): 110.

Isusi, A. de. "'Ruta de poesía.'" La Literatura Argentina 7 (1934): 72.

"'Poemario de Juna de Dios' por Hortensia Margarita Raffo." Criterio 14 (1941).

RAZNOVICH, Diana

DRAMA

Martínez, Martha. "Tres nuevas dramaturgas: Roma Mahieu, Hebe Uhart y Diana Raznovich." Latin American Theatre Review 13.2 (1980): 39-45.

Suárez Radillo, Carlos Miguel. "Una nueva visión, desmitificada, de la realidad argentina a través de seis dramaturgas del setenta." XVII Congreso del Instituto Internacional de Literatura Iberoamericana: El barroco en América; Literatura hispanoamericana; Crítica histórico-literaria hispanoamericana. v.3 Madrid: Cultura Hispánica del Centro Ibero-americano de Cooperación; Centro Iberoamericano de Cooperación, Universidad Complutense de Madrid, 1978. 1285-303.

SANDOR, Malena

DRAMA

Davis, Michele S. "Dos aspectos de la mujer en busca de sí misma y en contra de la sociedad." Revista Iberoamericana 51.132-33 (1985): 621-26.

Jones, Willis Knapp. "Malena Sándor." Behind Spanish American Footlights. Austin: U. of Texas Press, 1966, 171-72.

SOTO Y CALVO, Edelina

POETRY

Calvo, S. "Una poetisa argentina, Edelina Soto y Calvo." Ichthys 75 (1927): 496-501.

Domínguez, M.A. "Edelina Soto y Calvo." Nosotros 26 (1932): 192-96.

"Edelina Soto y Calvo." Nosotros 26 (1932): 105.

Passini, N. "Una vida que es canto." Nosotros 24 (1930): 244-48.

Suárez-Calimano, E. "Edelina Soto y Calvo. Una poetisa de la espiritualidad." Nosotros 21. (1927): 42-45.

STORNI, Alfonsina

GENERAL

Andreola, Carlos Alberto. Alfonsina Storni: Inédita; Revelación y eglogario de documentos estrictamente desconocidos de su vida y de su obra. Buenos Aires, 1974.

——. Alfonsina Storni, vida, talento, soledad. Buenos Aires: Plus Ultra, 1976.

Estrella Gutiérrez, Fermín. "Alfonsina Storni, su vida y su obra." Boletín de la Academia Argentina de Letras 24.91-92 (1959): 29-55.

Etchenique, Nira. Alfonsina Storni. Buenos Aires: Editorial Mandragora, 1958.

Fernández Moreno, César. Situación de Alfonsina Storni. Santa Fe: Castellví, 1959.

Jones, Sonia. Alfonsina Storni. Boston: Twayne Publishers, 1979.

Orosco, María Teresa. Alfonsina Storni. Buenos Aires: Imprenta de la Universidad, 1940.

Phillips, Rachel. Alfonsina Storni: From Poetess to Poet. London: Tamesis Books, 1975.

DRAMA

Castagnino, Raúl H. "El teatro pirotécnico de Alfonsina Storni." Boletín de Estudios de Teatro 6.22-23 (1948): 101-103.

Davis, Michele S. "Dos aspectos de la mujer en busca de sí misma y en contra de la sociedad." Revista Iberoamericana 51.132-33 (1985): 621-26.

Jones, Sonia. "Alfonsina Storni's 'El amo del mundo.'" Revista/Review Interamericana 12.1 (1982): 100-103.

Rivero Olazábal, R. "Dos farsas pirotécnicas." Megáfono 10 (1931): 186-89.

Ugarte, Manuel. "El drama de Alfonsina Storni." Repertorio Americano 36.21 (1939): 321-22.

POETRY

Acevedo, Olga. "Alfonsina Storni." Ateneo 167 (1939): 158-72.

Alvarez Frank, Matilde. El sentido de lo humano en la poesía de Alfonsina Storni. Habana: O'Reilly, 1943.

Andreola, Carlos Alberto. Dos artículos éditos acerca de Alfonsina Storni. Buenos Aires, 1970.

Astrada de Terzaga, Etelvina. "Figura y significación de Alfonsina Storni." Cuadernos Hispanoamericanos 211 (1967): 127-44.

Athayde, Tristán de Lima. "Las tres poetisas del sur." Ateneo 2.3 (1925): 227-39.

Baquerizo Moreno, Alfredo. "Lugones y Alfonsina Storni." Ensayos, apuntes y discursos. Guayaquil: Imprenta y talleres Municipales, 1940. 79-83.

Benton, Gabriele von Munk. "Recurring Themes in Alfonsina Storni's Poetry." Hispania 33 (1950): 151-53.

Bonet, Carmelo M. "Alfonsina Storni y su poesía." Pespuntes Críticos. Buenos Aires: Academia Argentina de Letras, 1969. 115-27.

Brenes-Mesén, R. "Alfonsina Storni." Revista Iberoamericana 1.1 (1939): 13-15.

Cambours Ocampo, Arturo. "La creación literaria y Alfonsina Storni." Indagaciones sobre literatura argentina. Buenos Aires: Albatros, 1952. 53-66.

Camozzi Barrios, Rolando. "Constantes de la poesía de Alfonsina Storni." Reseña de Literatura, Arte y Espectáculos 27 (1969): 99-106.

Capdevilla, Arturo. Alfonsina: Epoca, dolor y obra de la poetisa Alfonsina Storni. Buenos Aires: Centurión, 1948.

___. "Alfonsina Storni o la inquietud de un rosal." Revista Nacional de Cultura 87.59 (1946): 63-70.

Caronno, Atilio de. "La alondra americana." Tribuna Libre 108 (1921): 327-34.

Carrera, Julieta. "Alfonsina Storni." Repertorio Americano October 16, 1937: 233-34.

___. "Tres poetisas argentinas." (Alfonsina Storni, Elvira de Alvear y Norah Lange). Revista Iberoamericana 8.15 (1944): 31-47.

Carvalho, Joaquim Montezuma. "Alfonsina Storni: Fundadora de la emancipación femenina hispanoamericana." Norte. Revista Hispano-americana 3.253 (1973): 44-52.

Cichero de Pellegrino, María. Alfonsina Storni, una vida hacia el mar. Buenos Aires, 1950.

Cinti, Bruna. "Echi becqueriani in Alfonsina Storni." Mariateresa Cattaneo, Carlos Romero y Silvana Serafín, Studi di letteratura ibero-americana offerti a Giuseppe Bellini. Rome: Bulzoni, 1984. 191-97.

Coronado, Nicolás. "Alfonsina Storni 'Irremediablemente.'" Nosotros 121 (1919): 91-93.

Cuchí Coll, Isabel. La poetisa de los tristes destinos: Alfonsina Storni. San Juan: Romualdo Real, 1973.

Delgado, J.M. "Alfonsina Storni. 'Irremediablemente.'" Pegaso 1 (1919): 434-36.

___. "Alfonsina Storni. 'Languidez.'" Pegaso 13 (1920): 236-37.

Diego, Rafael de. "'Ocre.'" Nosotros 51.196 (1925): 70-77.

Diez-Canedo, Enrique. "Alfonsina Storni, poetisa argentina." Repertorio Americano June 7, 1930.

Dughera, Eduardo Antonio. "Alrededor de un soneto ('Divino amor')." La Diligencia 3 (1961): 3-7.

"Feminismo y poesía: Alfonsina Storni." Capítulo 34 (1967): 804-805.

Fernández Moreno, César. "Dos épocas en la poesía de Alfonsina Storni." Revista Hispánica Moderna 24.1 (1958): 27-35.

Figueira, Gastón. "El intenso lirismo de Alfonsina Storni." Universidad de Antioquía 11 (1940): 265-76.

___. "La intensa poesía de Alfonsina Storni." La Nueva Democracia 19.7 (1938): 12-14.

Figueras, Miriam and María Teresa Martínez. Alfonsina Storni: Análisis de poemas y antología. Montevideo: Ciencias, 1979.

Forgione, José D. "La ciudad en la poesía de Alfonsina Storni."
Conferencias August 2, 1939.

Gálvez, Manuel. "Alfonsina Storni." Nosotros 2da. época 32 (1938):
369-71.

Gatell, Angelina. "Delmira Agustini y Alfonsina Storni: Dos destinos
trágicos." Cuadernos Hispanoamericanos 174 (1964): 583-94.

Genta, Walter Homero. "Alfonsina Storni." Revista Nacional 34.100
(1946): 87-106.

Ghiano, Juan Carlos. "La poesía de Alfonsina Storni." Asomante 10.4
(1954): 70-75.

Giménez Pastor, A. "'El dulce daño' por Alfonsina Storni." Nosotros
29 (1918): 549-53.

Gironella, María de las Mercedes. Alfonsina Storni y Teresa de Jesús.
Buenos Aires: Anaconda, 1940.

Giusti, Roberto F. "Alfonsina." Nosotros 2da. época 31 (1938): 245-47; 32 (1938): 372-97.

Gómez Paz, Julieta. "Los antisonetos de Alfonsina Storni."
Cuadernos Americanos 50 (1950): 224-32.

___. Leyendo a Alfonsina Storni. Buenos Aires: Losada, 1966.

___. "Niños en la poesía de Alfonsina Storni." La Prensa
February 3, 1957: 2.

___. "Persistencia y ascensión de un símbolo en la poesía de
Alfonsina Storni." Asomante 16.4 (1960): 49-53.

___. "Poemas olvidados de Alfonsina Storni." La Prensa October 2,
1960: 4.

___. "Un símbolo dominante en la poesía de Alfonsina Storni."
Universidad. Organo de la Universidad de Nuevo León 46
(1960): 59-77.

___. "Tres poemas de Alfonsina Storni." Revista de la Universidad
de Buenos Aires 5ta. época 3.2 (1958): 251-55.

González Lanuza, Eduardo. "Ubicación de Alfonsina." Sur 50 (1938):
55-57.

Argentina

González-Ruano, César. "Alfonsina Storni." Literatura americana; Ensayo de madrigal de crítica. vol.1. Poetisas modernas. Madrid: Fernando Fe, 1924. 79-88.

Gonzalo Castro, Augusto. "'Mascarilla y trébol' de Alfonsina Storni." El Hogar October 21, 1938.

Guevara Castañeira, Josefina. "La tragedia de amor de la poetisa Alfonsina Storni." Del yunque a los Andes. San Juan: Club de Prensa, 1959. 29-38.

Hernández, Jorge Alberto. Seis poetas de Santa Fe de principios de siglo. Santa Fé: Ediciones Colmegna, 1971. 45-50.

Jones, Sonia. "Alfonsina Storni's 'El amo del mundo.'" Revista/Review Interamericana 12.1 (1982): 100-103.

Jordán, Luis M. "Alfonsina Storni." Nosotros 32 (1919): 37-41.

Kirkpatrick, Gwen. "Alfonsina Storni: 'Aquel micromundo poético.'" Modern Language Notes 99,2 (1984): 386-92.

Kurlat, E. "Clave de la poética de Alfonsina Storni." Argentina Libre October 17, 1940.

Labrador Ruiz, Enrique. "Alfonsina Storni." El pan de los muertos. Santa Clara: Universidad Central de Las Villas, 1958. 161-66.

Lizondo Borda, Manuel. Temas de ética y literatura. Tucumán, Argentina: López, 1939. 201-37.

López Palmero, Mariano. "Alfonsina Storni, 'Poema de amor.'" Nosotros 215 (1927): 103-105.

Malauf, Estela Peña de. Alfonsina Storni: "Evolución temático-estilística de su poesía." Diss. Cincinnati: U. of Cincinnati, 1974. DAI 35, 1975, 5415 A.

Malvigne, Pedro César. "Alfonsina Storni." Pedro Miguel obligado y el dolor de los grandes. Buenos Aires: Falbo, 1967. 37-47.

Mañach, Jorge. "Liberación de Alfonsina Storni." Revista Iberoamericana 1.1 (1939): 73-76.

Martínez-Tolentino, Jaime. "Alfonsina Storni y Gabriela Mistral. La poesía como condena o salvación." Escritura: Revista de Teoría y Crítica Literarias 8.16 (1983): 223-30.

Mocega-González, Esther P. "La resignada rebeldía en la poesía de Alfonsina Storni." Anales de Literatura Iberoamericana 9.10 (1981): 189-200.

Nalé Roxlo, Conrado. Genio y figura de Alfonsina Storni. Buenos Aires: Editorial Universitaria de Buenos Aires, 1964.

Núñez, Zelma. Así era Alfonsina Storni. Buenos Airesa: Mundo Argentino, 1953.

Palacios, Alfredo Lorenzo. "Alfonsina Storni. Ejemplo del idealismo militante." Estadistas y poetas. Buenos Aires: Claridad, 1952. 221-23.

Percas de Ponseti, Helena. "Reflexiones sobre la poesía femenina hispanoamericana." Revista/Review Interamericana 12.1 (1982): 49-55.

___. "Sobre la poesía de Alfonsina Storni." Revista de Educación 5.11-12 (1960): 311-25.

Pérez Blanco, Lucrecio. La poesía de Alfonsina Storni. Madrid: Villena, 1975.

Peyrón de Martínez Ferrer, Graciela. "La obra lírica de Alfonsina Storni." Nosotros 2da. época 3.31 (1938): 252-65.

Rossler, Osvaldo. "Alfonsina, poeta y mujer." Crítica 14 (1966): 43-48.

Rovelli de Riccio, Osvalda Beatriz. "Dolor en la poesía de Alfonsina Storni." Norte 258 (1973): 44-47.

Salgués Cargill, Maruxa. "La poesía contemporánea y la mujer." La imagen de la mujer en las letras hispanoamericanas. Jaén: Gráficos Nova, 1975. 73-83.

Schofs de Maggi, Marta. "Alfonsina Storni: Palabras a un habitante de Marte." Letras Femeninas 7.1 (1981): 21-24.

Schultz de Mantovani, Fryda. El mundo poético infantil. Buenos Aires: Ediciones El Ateneo, 1946.

Spinelli, Raffaele. "La poetisa argentina Alfonsina Storni." Quaderni Ibero-americani 15 (1954): 432-33.

Stanley, Margaret P. "The 'protesta femenina' in Latin America." Female Studies 9 (1975): 121-30.

Stycos, María Nowakowska. "Alfonsina Storni: A Search for Self." Diss. Ithaca" Cornell U., 1977. DAI 33, 1978, 6719 A.

Talamantes, Florence Williams. Alfonsina Storni: Argentina's Feminist Poet. Los Cerrillos: San Marcos Press, 1975.

___. "Virginia Woolf and Alfonsina Storni: Kindred Spirits." Virginia Woolf Quarterly 1.3 (1973): 4-21.

Titiev, Janice Geasler. "Alfonsina Storni's 'Mundo de siete pozos': Form, Freedom and Fantasy." Kentucky Romance Quarterly 23.2 (1976): 185-97.

___. "Alfonsina Storni's 'Poemas de amor': Submissive Woman, Liberated poet." Journal of Spanish Studies: Twentieth Century 8.3 (1980): 279-92.

___. "A Critical Approach to the Poetry of Alfonsina Storni." Diss. Ann Arbor: U. of Michigan, 1972. DAI 33, 1973, 5202 A-5203 A.

___. "The Poetry of Dying in Alfonsina Storni's Last Book." Hispania 68.3 (1985): 467-73.

Torrendel, Juan. "'El dulce daño' de Alfonsina Storni." El año literario, 1918. Buenos Aires: Tor, 1919. 47-61.

Triantiafillun, Helen I. "Razón y pasión en Sor Juana Inés de la Cruz y en Alfonsina Storni." Revista de Estudios Hispánicos 6 (1972): 355-72.

Ugarte, Manuel. "Alfonsina Storni." Escritores iberoamericanos de 1900. Santiago de Chile: Editorial Orbe, 1943. 219-29.

___. "Alfonsina Storni." La dramática intimidad de una generación. Madrid: Prensa Española, 1951. 175-82.

___. "El destino trágico de Delmira Agustini y Alfonsina Storni." Manizales (1947): 59-61.

Vitier, Cintio. "La poesía de Alfonsina Storni." Revista Nacional de Cultura 2.13 (1939): 131-48.

Wapnir, Salomón. "Alfonsina." Imágenes y letras. Buenos Aires: Instituto Amigos del Libro Argentino, 1955. 63-82.

___. "Dos libros de Alfonsina Storni: I. 'Languidez.' II. 'Ocre.'" Crítica Positiva. Buenos Aires: Tor, 1926. 31-46.

Zardoya, Concha. "La muerte en la poesía femenina latinoamericana." Cuadernos Americanos 12.71 (1953): 231-70.

THENON, Susana

POETRY

Barrenechea, Ana María. "Disyunción, conjunción, constelación de voces en 'Distancias' de Susana Thénon." Káñina 9.2 (1985): 57-60.

___. "El español de América en la literatura del siglo XX a la luz de Bajtin." Lexis 10.2 (1986): 147-67.

___. "La poesía de Susana Thénon." Eco; Revista de Cultura de Occidente 44.268 (1984): 407-11.

Treitel, Renata. "Translating Susana Thénon." Translation Review 17 (1985): 25-26.

TIBERTI, María Dhialma

POETRY

Casal, J.J. "María Dhialma Tiberti." Alfar (1949).

Domínguez, M.A. "Presentación y elogio de María Dhialma Tiberti," Alfar 26.88 (1949).

Percas de Ponseti, Helena. "María Dhialma Tiberti, promesa para la Argentina." Revista Interamericana/Interamerican Review 18.37 (1953): 361-68.

TORRES MOLINA, Susana

DRAMA

Bixler, Jacqueline Eyring. "Games and Reality on the Latin American Stage." Latin American Literary Review 12.24 (1984): 22-35.

Eidelberg, Nora. "'Extraño juguete' de Susana Torres Molina." Teatro experimental hispanoamericano 1960-1980. La realidad social como manipulación. Minneapolis: Institute for the Study of Ideologies and Literature, 1985. 26-35.

TRABA, Marta

NOVEL

Agosín, Marjorie. "Marta Traba." Sin Nombre 14.3 (1984): 97-100.

____. "Whispers and Triumphs: Latin American Women Writers Today." Women's Studies International Forum 9.4 (1986): 427-33.

Agosti, Héctor P. "Marta Traba o la palabra incomunicada. La milicia literaria. Buenos Aires: Ediciones Sílaba, 1969. 191-94.

Bayón, Damián. "El espléndido no conformismo de Marta Traba." Sin Nombre 14.3 (1984): 92-96.

Benítez, Marimar. "Apuntes sobre los escritos de Marta Traba en Puerto Rico." Sin Nombre 14.3 (1984): 123-26.

Chevigny, Bill. "Ambushing the Will to Ignorance: Elvira Orphée's 'La última conquista de El Angel' and Marta Traba's 'Conversación al sur.'" El cono sur: Dinámica y dimensiones de su literatura. Rose S. Minc, Ed. Upper Montclair, 1985. 98-104.

Cobo Borda, Juan Gustavo. "Marta Traba, novelista." Cuadernos Hispanoamericanos 414 (1984): 121-30.

Franco, Jean. "Self-destructing heroines." The Minnesota Review 22 (1984): 105-15.

García Ramos, Reinaldo. "La novelista y sus veranos." Casa de las Américas 6.36-37 (1966): 190-94.

Mejía Duque, Jaime. "Las ceremonias del verano." Boletín Cultural y Bibliográfico 10.4 (1967): 867-70.

Montero, Oscar. "La 'enunciación infatigable' de 'Los laberintos insolados' de Marta Traba." Prismal/Cabral: Revista de Literatura Hispánica/Caderno Afro-Brasileiro Asiático Lusitano 12-13 (1984): 93-102.

Poniatowska, Elena. "Marta Traba o el salto al vacío." Revista Iberoamericana 51.132-33 (1985): 883-97.

Solá, María. "'Conversación al sur', novela para no olvidar." Sin Nombre 12.4 (1982): 64-71.

———. "'Escribo como mujer': Trayectoria de la narrativa de Marta Traba." Sin Nombre 14.3 (1984): 101-14.

Waller, Claudia J. "Light and Darkness in Marta Traba's 'Los laberintos insolados.'" Romance Notes 14 (1972): 262-68.

SHORT STORY

Coba Borda, Juan Gustavo. "Marta Traba: Cuentos póstumos." Hispamérica 45 (1986): 173-77.

Correas de Zapata, Celia. "El equívoco en 'Pasó así' de Marta Traba." Ensayos hispanoamericanos. Buenos Aires: Ediciones Corregidor, 1978. 279-91.

UHART, Hebe

DRAMA

Martínez, Martha. "Tres nuevas dramaturgas argentinas: Roma Mahieu, Hebe Uhart y Diana Raznovich." Latin American Theatre Review 13.2 (1980): 39-45.

Suárez Radillo, Carlos Miguel. "Una nueva visión, desmitificada, de la realidad argentina a través de seis dramaturgos del setenta." XVII Congreso del Instituto Internacional de Literatura Iberoamericana: El barroco en América; Literatura hispanoamericana; Crítica histórico-literaria hispanoamericana. vol.3. Madrid: Cultura Hispánica del Centro Iberoamericano de Cooperación; Centro Iberoamericano de Cooperación, Universidad Complutense de Madrid, 1978. 1285-303.

URRUTIA ARTIEDA, María Alex

POETRY

Andrade Coello, A. "La misión de la crítica." América 12 (1941): 80-81.

"'Brujerías. Pormario de la Andanza." Sustancia 2 (1940): 132-33.

Wilson, C.M. "María A. Urrutia Artieda: 'Música interior.'" Revista Iberoamericana 1 (1939): 423-26.

Argentina

VALENZUELA, Luisa

GENERAL

"Luisa Valenzuela." The Review of Contemporary Fiction 6.3 (1986).

Magnarelli, Sharon. "Luisa Valenzuela: From 'Hay que sonreír' to 'Cambio de armas.'" World Literature Today: A Literary Quarterly of the U. of Oklahoma 58.1 (1984): 9-13.

Ponzano, Pablo G. "El mundo mágico de Luisa Valenzuela." Córdoba July 16, 1977: 5.

NOVEL

Flores, Ana M. "Valenzuela's Cat-O-Nine-Deaths." The Review of Contemporary Fiction 6.3 (1986): 39-47.

Francescato, Martha Paley. "Cola de lagartija: Látigo de la palabra y la triple P." Revista Iberoamericana 51.132-33 (1985): 875-82.

Franco, Jean. "Self-destructing heroines." The Minnesota Review 22 (1984): 105-15.

Garfield, Evelyn Picón, and Ivan A. Schulman. "Luisa Valenzuela, muerte y metamorfosis en 'El gato eficaz.'" Las entrañas del vacío. México: Ediciones Cuadernos Americanos, 1984. 167-77.

Gazarian Gautier, Marie-Lise. "The Sorcerer and Luisa Valenzuela: Double Narrators of the Novel/Bibliography, Myth/History." The Review of Contemporary Fiction 6.3 (1986): 105-108.

Glantz, Margo, and Janet Pérez. "Luisa Valenzuela's 'He who Searches.'" The Review of Contemporary Fiction 6.3 (1986): 62-66.

Hicks, Emily. "That which Resists: The Code of the Real in Luisa Valenzuela's 'He Who Searches.'" The Review of Contemporary Fiction 6.3 (1986): 55-61.

Kaminsky, Amy Katz. "Women Writing about Prostitutes: Amalia Jamilis and Luisa Valenzuela." The Image of the Prostitute in Modern Literature. Pierre L. Horn and Mary Beth Pringle, Eds. New York: Ungar, 1984. 119-31.

Mairal, Guillermo, and Janet Pérez. "The Symbolic, the Imaginary, and the Real in Luisa Valenzuela's 'He Who Searches.'" The Review of Contemporary Fiction 6.3 (1986): 67-77.

Magnarelli, Sharon. "'El gato eficaz' de Luisa Valenzuela." Universitario 187 (1981): 21.

___. "Gatos, lenguaje y mujeres en 'El gato eficaz' de Luisa Valenzuela." Revista Iberoamericana 45 (1979): 603-11.

___. "Humor and Games in 'El gato eficaz' by Luisa Valenzuela: The Looking-Glass World Revisited." Modern Language Studies 13.3 (1983): 81-89.

___. "Juego/fuego de la esperanza: En torno a 'El gato eficaz' de Luisa Valenzuela." Cuadernos Americanos 247.2 (1983): 199-208.

___. "The Lizard's Tail: Discourse Denatured." The Review of Contemporary Fiction 6.3 (1986): 97-104.

___. "Women, Language, and Cats in Luisa Valenzuela's 'El gato eficaz': Looking-Glass Games Fire." The Lost Rib. Female Characters in the Spanish-American Novel. Lewisburg: Bucknell U. Press, 1985. 169-85.

Martínez, Zulma Nelly. "'El gato eficaz' de Luisa Valenzuela: La productividad del texto." Revista Canadiense de Estudios Hispánicos 4.1 (1979): 73-80.

SHORT STORY

Araújo, Helena and Rick McCallister. "Valenzuela's Other Weapons." The Review of Contemporary Fiction 6.3 (1986): 78-81.

Callejo, Alfonso. "Literatura e irregularidad en 'Cambio de armas' de Luisa Valenzuela." Revista Iberoamericana 51.132-33 (1985): 575-80.

Lagos-Pope, María-Inés. "Mujer y política en 'Cambio de armas' de Luisa Valenzuela." Hispamérica 46-47 (1987): 71-83.

Marcos, Juan Manuel. "Luisa Valenzuela, más allá de la araña de la esquina rosada." Prismal/Cabral 11 (1983): 57-65.

Martínez, Zulma Nelly. "Luisa Valenzuela's 'Where the Eagles Dwell': From Fragmentation to Holism." The Review of Contemporary Fiction 6.3 (1986): 109-15.

Marting, Diane. "Female Sexuality in Selected Short Stories by Luisa Valenzuela: Toward an Ontology of her Work." The Review of Contemporary Fiction 6.3 (1986): 48-54.

Morello-Frosch, Marta. "'Other Weapons': When Metaphors Become Real." The Review of Contemporary Fiction 6.3 (1986): 82-87.

Mull, Dorothy S. "Ritual Transformation in Luisa Valenzuela's 'Rituals of Rejection.'" The Review of Contemporary Fiction 6.3 (1986): 88-96.

VASQUEZ, María Ester

SHORT STORY

Marcos, Juan Manuel. "María Esther Vásquez, Helena Araujo y el canto del cisne." Plural 15.179 (1986): 16-20.

VILLARINO, María de

POETRY

Besouchet, L. "A prosa da poetisa María de Villarino." Planalto 1.7 (1941).

Garay, M. del C. "María de Villarino: 'Elegía del recuerdo.'" Revista de Educación 83.1 (1942): 69-70.

González, M.P. "María de Villarino: 'Tiempo de angustia.'" Revista Iberoamericana 1 (1939): 450-54.

Gullo, A. "'Elegía del recuerdo', libro de tensa evocación." Argentina Libre July 10, 1941.

Sánchez, L.A. "'Tiempo de angustia.'" Nosotros 6 (1938): 348-53.

Saglio, N.V. "María de Villarino: 'Pueblo en la niebla.'" Nosotros 23 (1943): 203.

WALSH, María Elena

DRAMA

Korn, Jack. "Teatro para niños." Talía 4.23 (1962): 26.

POETRY

Foster, David William. "Playful Ecphrasis: María Elena Walsh and Children's Literature in Argentina." Mester 13.1 (1984): 40-51.

González Lanuza, E. "María Elena Walsh: 'Otoño imperdonable.'" Sur 17.159 (1948): 102-105.

Lurashci, Ilse Adriana, and K.M. Sibbald. "Todo eso que parece tan fácil." Hispanic Journal 8.2 (1987): 161-75.

Pagni, Andrea. "María Elena Walsh and die Alltagslyrik in Buenos Aires." Die Legitimation der Alltags-sprache in der modernen Lyrik: Antworten aus Europa und Lateinamerika. Harald Wentzlaff-Eggebert, Ed. Erlangen: Universitätsbund Erlangen-Nürnberg, 1984. 165-84.

Villordo, Oscar Hemes. "María Elena Walsh y la poesía infantil." La Nación September 11, 1960.

CHAPTER TWO

BOLIVIA

BEDREGAL, Yolanda

GENERAL

Agosín, Marjorie. "Para un retrato de Yolanda Bedregal." Revista Iberoamericana 52.134 (1986): 267-70.

Guzmán, Augusto. "Yolanda Bedregal." Poetas y escritores de Bolivia. La Paz: Los Amigos del Libro, 1975. 283-90.

NOVEL

Pastor Poppe, Ricardo. "Yolanda Bedregal." Escritores bolivianos contemporáneos. La Paz: Los Amigos del Libro, 1980. 19-21.

MUJIA, María Josefa

POETRY

Finot, Enrique. "La poesía boliviana hasta 1900." Historia de la literatura boliviana. 3rd. ed. La Paz: Gilbert y Cía., 1964. 133-70.

René-Moreno, Gabriel. "María Josefa Mujía." Estudios de literatura boliviana. La Paz: Biblioteca del Sesquicentenario de la República. 1975. 125-40.

WIELHUCHTER, Blanca

POETRY

Ordóñez, Montserrat. "La poesía de Blanca Wielhuchter." Revista Iberoamericana 52.134 (1986): 197-206.

ZAMUDIO, Adela

GENERAL

Ballivian, Rafael. Comentarios marginales. La Paz, 1929. 151-55.

Díaz Machicao, Porfirio. Prosa y verso de Bolivia. La Paz: Los Amigos del Libro, 1966. 73-78.

Guzmán, Augusto. "Adela Zamudio." Poetas y escritores de
    Bolivia. La Paz: Los Amigos del Libro, 1975. 109-11.

Ocampo Moscoso, Eduardo. Adela Zamudio. Una mujer admirable.
    La Paz: Ultima Hora, 1981.

Taborga de Villarroel, Gabriela. La verdadera Adela Zamudio.
    Cochabamba: Editorial Canelas, 1981.

NOVEL

Guzmán, Augusto. "Adela Zamudio (1854-1928)." Historia de la
    novela boliviana. La Paz, 1938. 140-41.

POETRY

Adela Zamudio, poetisa, educadora, polemista. Cochabamba:
    Editorial Canelas, 1977.

Aguirre Lavayen, Joaquín. Adela Zamudio: Guerrilla del parnaso.
    Cochabamba: Los Amigos del Libro, 1969.

Cypess, Sandra Messinger. "Visual and Verbal Distances: The
    Woman Poet in a Patriarchal Culture." Revista/Review
    Interamericana 12.1 (1982): 150-57.

Quirós, Juan. "Adela Zamudio." Las cien mejores poesías bolivianas.
    La Paz: Editorial Difusión, 1968. 231-33.

Taborga de Villaroel, Gabriela. La verdadera Adela Zamudio.
    Cochabamba: Editorial Canelas, 1981.

SHORT STORY

Barnadas, Josep M., and Juan José Coy. "Adela Zamudio." Cuentos
    breves. Cochabamba: Los Amigos del Libro, 1977.

CHAPTER THREE

CHILE

AGOSIN, Marjorie

POETRY

Alarcón, Norma. "Brujas y algo más/ Witches and other things." Chiricú 4.1 (1985): 9-12.

Dolz-Blackburn, Inés. "Marjorie Agosín: 'Conchali.'" Letras Femeninas. 7.2 (1981): 25-26.

Franzen, Cola. "Marjorie Agosín: A Portrait: Introduction and Poems." Mundus Artium 15.1-2 (1985): 54-57.

Umpierre, Luz María. "La ansiedad de la influencia en Sandra María Esteves y Marjorie Agosín." Revista Chicano-Riqueña 11.3-4 (1983): 139-47.

AGUIRRE, Isidora

DRAMA

Agosín, Marjorie. "Aguirre, Isidora: 'Carolina o la eterna enmascarada.'" Letras Femeninas 5.1 (1979): 97-100.

Bello, Enrique. "Isidora Aguirre define los móviles de su teatro." Ultramar 4 (1960): 1-9.

Bissett, Judith Ishmael. "Delivering the Message: 'Gestus' and Aguirre's 'Los papeleros.'" Latin American Theatre Review 17.2 (1984): 31-37.

Bravo-Elizondo, Pedro. "'Ranquil' y 'Los que van quedando en el camino': Dos acercamientos a un mismo tema." Texto Crítico 4.10 (1978): 76-85.

Dial, Eleanora Maxwell. "Brechtian Aesthetics in Chile: Isidora Aguirre's 'Los papeleros' ('The Garbage Collectors')." Latin American Women Writers: Yesterday and Today. Yvette E. Miller and Charles M. Tatum, Eds. Pittsburgh: Latin American Literary Review, 1977. 85-90.

González, Patricia E. "Isidora Aguirre y la reconstrucción de la historia en Lautaro." Latin American Theatre Review 19.1 (1985): 13-18.

Jones, Willis Knapp. "Chile's Dramatic Renaissance." Hispania 44.1 (1961): 84-94.

"El movimiento teatral chileno." Conjunto 3.7: 75-102.

AGUIRRE, Margarita

NOVEL

Guerra-Cunningham, Lucía. "El concepto de la existencia en 'El huésped' de Margarita Aguirre." Explicación de textos literarios 6.2 (1978): 123-27.

___. "La problemática de la existencia en la novela chilena." Cuadernos Hispanoamericanos 339 (1978): 408-28.

ALLENDE, Isabel

NOVEL

Agosín, Marjorie. "Isabel Allende: 'La casa de los espíritus.'" Silencio e imaginación (Metáfora de la escritura femenina). México: Editorial Katún, 1986. 85-103.

___. "Whispers and Triumphs: Latin American Women Writers Today." Women's Studies International 9.4 (1986): 427-33.

Allende, Isabel. "La magia de las palabras." Revista Iberoamericana 51. 132-33 (1985): 447-52.

Alonso Fuentes, María Elena. "Towards a Feminist Reading of Latin American Women Writers." Diss. Amherst: U. of Massachusetts, 1986.

Coddou, Marcelo. "La casa de los espíritus: De la historia de la historia." Texto Crítico 11.33 (1985): 165-72.

___. "Las ficciones de Isabel Allende." Literatura Chilena. Creación y Crítica. 39 (1987): 11-12.

___. Los libros tienen propios espíritus. Xalapa: Universidad Veracruzana, 1986.

Earle, Peter G. "Literature as Survival: Allende's 'The House of the Spirits.'" Contemporary Literature 28.4 (1987): 543-54.

Gordon, Ambrose. "Isabel Allende on Love and Shadow." Contemporary Literature 28.4 (1987): 530-42.

Hernán-Gómez, Beatriz. "Las violencias circulares: Notas a 'La casa de los espíritus.'" Studi de letteratura ibero-americana offerti a Giuseppe Bellini. María Teresa Cattaneo, Carlos Romero y Silvana Serafín, Eds. Rome: Bulzoni, 1984. 333-48.

Marcos, Juan Manuel. "Isabel viendo llover en Barataria." Revista de Estudios Hispánicos 19.2 (1985): 129-37.

Moody, Michael. "Isabel Allende and the Testimonial Novel." Confluencia 2.1 (1986): 39-43.

Mora, Gabriela. "Las novelas de Isabel Allende y el papel de la mujer como ciudadana." Ideologies and Literature 2.1 (1987): 53-61.

Rojas, Mario A. "'La casa de los espíritus' de Isabel Allende: Una aproximación sociolinguística." Revista de Crítica Literaria Latinoamericana 11.21-22 (1985): 205-13.

___. "'La casa de los espíritus,' de Isabel Allende: Un caleidoscopio de espejos desordenados." Revista Iberoamericana 51.132-33 (1985): 917-25.

Rubilar, Luis, and Virginia Vidal. "Crónica e historia de medio siglo en una novela chilena." Araucaria de Chile 23 (1983): 11-17.

Valente, Ignacio. "Isabel Allende. 'La casa de los espíritus.'" El Mercurio August 21, 1983.

___. "El lenguaje narrativo de Isabel Allende." El Mercurio August 23, 1983.

BASUALTO, Alejandra

POETRY

Cúneo, Ana María. "La poesía de Alejandra Basualto: Un viaje de recreo." Revista Chilena de Literatura 24 (1984): 119-23.

BOMBAL, María Luisa

GENERAL

Agosín, Marjorie. Las desterradas del paraíso: Protagonistas en la narrativa de María Luisa Bombal. Nueva York: Senda Nueva de Ediciones, 1983.

___. "Hacia una poética del fracaso o la negación del deseo en las obras de María Luisa Bombal." Silencio e imaginación (Metáforas de la escritura femenina). México: Editorial Katún, 1986. 33-48.

___. María Luisa Bombal. Apariciones críticas. Elena Gascón-Vera y Joy Benjilian-Burgy, Eds. Tempe: Bilingual Press, 1987.

___. "Las protagonistas en la narrativa de María Luisa Bombal." Diss. Bloomington: Indiana U., 1982. DAI 43, 1983, 2689 A.

___. "Un recuerdo de María Luisa Bombal." Revista Interamericana de Bibliografía 30.4 (1980): 402-405.

Barón Véliz, Irma. "Vivencia y ensueño en María Luisa Bombal." Occidente 202 (1968): 43-44, 47.

Castellanos, Rosario. "María Luisa Bombal y los arquetipos femeninos." Mujer que sabe latín. México: Sepsetentas, 1973. 144-48.

Cortés Rodríguez, Hugo. "María Luisa Bombal en el fondo de sus obras." Diss. Chile: Universidad Católica, 1966.

Fernández, Magalí. "Elementos líricos, sicológicos y fantásticos en la obra de María Luisa Bombal." Diss. New York: New York University, 1985. DAI 46, 1985, 161 A.

Geel, María Carolina. "María Luisa Bombal." Siete escritoras chilenas. Santiago de Chile: Rapa Nui, 1940. 33-43.

Guerra-Cunningham, Lucía. "Erotismo y marginalidad en la narrativa de María Luisa Bombal." Letras Femeninas 8.1 (1982): 9-20.

___. La narrativa de María Luisa Bombal: Una visión de la existencia femenina. Madrid: Playor, 1980.

___. "Visión de lo femenino en la obra de María Luisa Bombal: Una dualidad contradictoria del ser y el deber ser. Revista Chilena de Literatura 25 (1985): 87-99.

Levine, Linda Gould. "María Luisa Bombal from a Feminist Perspective." Revista Interamericana/Interamerican Review 4.2 (1974): 148-61.

Lira, Gloria Gálvez. "María Luisa Bombal: Realidad y fantasía." Diss. Los Angeles: U. of California, 1981. DAI 42, 1982, 3620 A.

___. María Luisa Bombal: Realidad y fantasía. Potomac: Scripta Humanística, 1986.

Melón de Díaz, Esther. La narrativa de María Luisa Bombal. Río Piedras, P.R.: Editorial Universitaria, 1975.

Merino Reyes. Luis. "Recuerdos necesarios. María Luisa Bombal." Atenea 384 (1959): 131-35.

Mora, Garbriela. "María Luisa Bombal." Diss. Santiago de Chile: Universidad de Chile, 1954.

Natella, Arthur A. "El mundo literario de María Luisa Bombal." Cinco aproximaciones a la narrativa hispano-americana. Gladys Zaldívar, Ed. Madrid: Playor, 1977. 133-59.

Peña Muñoz, Manuel. "Vida y obra de María Luisa Bombal." Diss. Madrid: Universidad Complutense de Madrid, 1978.

Serros, Robert. "La felicidad vista a través del amor, la soledad y la muerte en la obra de María Luisa Bombal." Diss. Los Angeles: U. of Southern California, 1971. DAI 32, 1972, 4633 A.

Verdugo Valenzuela, Violeta. "La técnica narrativa de María Luisa Bombal." Diss. Valparaíso, Chile: Universidad Católica, 1963.

Vidal, Hernán. María Luisa Bombal o la feminidad enajenada. Barcelona: Hijos de José Bosch, 1976.

NOVEL

Adams, Michael Ian. Three Authors of Alienation: Bombal, Onetti, Carpentier. Austin: U. of Texas Press, 1975.

Agoni Molina, Luis. "El motivo de la frustración en 'La última niebla' de María Luisa Bombal." Cuadernos Hispanoamericanos 363 (1980). 623-26.

Agosín, Marjorie. "Elucubraciones y antielucubraciones: Crítica feminista desde perspectivas poéticas." Third Woman 1.2 (1982): 65-69.

———. "Historias binarias en 'La última niebla' de María Luisa Bombal." Káñina 7.1 (1983): 47-51.

———. "María Luisa Bombal, una escritora invisible." Literatura Chilena. Creación y crítica 21 (1982): 10-13.

———. "Mysticism and anti-mysticism in María Luisa Bombal's 'La última niebla.'" Círculo: Revista de Cultura 11 (1982): 57-60.

———. "Intertextualidades en 'La niebla.'" Letras Femeninas 9.2 (1983): 31-39.

Alegría, Fernando. "Notas sobre recientes novelas chilenas." Atenea 181 (1940): 168-72.

Allen, Martha E. "Dos estilos de novela: Marta Brunet y María Luisa Bombal." Revista Iberoamericana 18.35 (1952-53): 63-91.

Alonso, Amado. "Aparición de una novelista." Nosotros 2da. época 3 (1936): 241-56.

Baker, Armand T. "El tiempo en la novela hispanoamericana: Un estudio del concepto del tiempo en siete novelas representativas." Diss. Iowa City: U. of Iowa, 1968. DAI 28, 1968, 2673 A.

Bastos, María Luisa. "Reflectura de 'La última niebla' de María Luisa Bombal." Revista Iberoamericana 51.132-33 (1985): 557-64.

Bente, Thomas O. "María Luisa Bombal's Heroines: Poetic Neuroses and Artistic Symbolism." Hispanófila 82 (1984): 103-13.

Bianchi, Soledad. "María Luisa Bombal o una difícil travesía." Atenea 451 (1985): 175-92.

Borges, Jorge Luis. "La amortajada." Sur 8.47 (1938): 80-81.

Campbell, Margaret V. "The Vaporous World of María Luisa Bombal." Hispania 44.3 (1961): 415-19.

Cavallari, Elba Kemy. "Poética del desengaño: Tres casos de textualización del deseo." Diss. Irvine: U. of California, 1982. DAI 43, 1983, 3003 A.

Cece, Donna. "El aislamiento femenino en 'La amortajada' de María Luisa Bombal." Chiricú 4.1 (1985): 41-53.

Cortés, Darío. "El arte poética en las novelas de María Luisa Bombal." Hispanic Literatures: 5th Annual Conference. Bloomington: Indiana U., 1980.

Correa, Carlos René. "María Luisa Bombal." Atenea 199 (1942): 17-22.

Cortés Larrieu, Norman. "María Luisa Bombal: Su lugar en la novelística hispanoamericana." Nueva Revista del Pacífico 15-16 (1980): 1-7.

Cypess, Sandra Messinger. "The Dead Narrator in Modern Latin American Prose Fiction: A Study in Point of View." Diss. Urbana: U. of Illinois, 1969. DAI 29, 1969, 2253 A.

Diógenes. "Las novelas de María Luisa Bombal." Atenea 199 (1942): 72-74.

Edenia, Guillermo, and Juana Amelia Hernández. "'La amortajada' de María Luisa Bombal." Quince novelas hispanoamericanas. Nueva York: Las Américas, 1971. 97-104.

Fernández, Franco. "Análisis de 'La última niebla' de la escritora chilena María Luisa Bombal." Repertorio Americano 5 (1976-77): 53-59.

Fox-Lockert, Lucía. "María Luisa Bombal." Women Novelists in Spain and Spanish America. Metuchen, N.J.: Scarecrow Press, 1979. 166-74.

Gertel, Zumilda. "La novela de personajes y el cambio de modo narrativo." La novela hispanoamericana Buenos Aires: Nuevos Esquemas, 1970. 71-78.

Goíc, Cedomil. "'La última niebla.'" La novela chilena. 3ra. ed. Santiago de Chile: Editorial Universitaria, 1971. 144-62, 209-10.

___. "'La última niebla': Consideraciones en torno a la estructura de la novela contemporánea." Anales de la Universidad de Chile 128 (1964): 59-83.

Guerra-Cunningham, Lucía. "Función y sentido de la muerte en 'La amortajada' de María Luisa Bombal." Explicación de Textos Literarios 7.2 (1978-79): 123-28.

___. "Panorama crítico de la novela chilena, 1843-1949." Diss. Lawrence: U. of Kansas, 1975. DAI 37, 1975, 356 A.

Guerrero, Leoncio. "La novela reciente en Chile." Journal of Inter American Studies 5 (1963): 379-95.

Gutiérrez-Vega, Zenaide. "Approximaciones a 'La última niebla' de María Luisa Bombal." Annali Istituto Universitario Orientale, Napoli, Sezione Romanza, 23.2 (1981): 607-14.

Invelic, Radoslav, and Fidel Sepúlveda. "Bases críticas para una valoración de la novela chilena." Aisthesis 3 (1968): 45-93.

Langowski, Gerald John. "Surrealism in Spanish American Fiction." Diss. Madison: U. of Wisconsin, 1973. DAI 34, 1973, 5978 A.

Levine, Suzanne Jill. "El espejo de agua." Revista de la Universidad de México 39.26 (1983): 36-39.

López-González, Aralia. "Teresa de la Parra y María Luisa Bombal: Una literatura del ser." Crítica 1.2 (1985): 76-89.

McBride, Cathryn Ann. "Referents in Discourse: A Study of Narrative Cohesion in the Spanish Originals and English Translations of Three Latin American Novels: Carlos Fuentes, David Viñas, María Luisa Bombal." Diss. Madison: U. of Wisconsin, 1977. DAI 38, 1977, 1372 A.

Merino Reyes, Luis. "María Luisa Bombal." Perfil humano de la literatura chilena. Santiago: Orbe, 1967. 193-98.

Meyer, Doris. "'Feminine' testimony in the works of Teresa de la Parra, María Luisa Bombal, and Victoria Ocampo." Contemporary Women Authors of Latin America. vol.1. Doris Meyer and Margarite Fernández Olmos. Eds. Brooklyn: Brooklyn College Press, 1983. 3-15.

Morello Frioli, Carlos. " 'La amortajada', novela de María Luisa Bombal." 5-16 (1980): 37-47.

Natella, Arthur A. "Algunas observaciones sobre el estilo de María Luisa Bombal en 'La última niebla.'" Explicación de Textos Literarios 3.2 (1975): 167-71.

Nelson, Esther W. "The Space of Longing: 'La última niebla.'" The American Hispanist 3.21 (1977): 7-11.

Orlandi, Claudia Waller. "Mist, Light and the Libido: 'La última niebla.'" Kentucky Romance Quarterly 26 (1979): 231-42.

Pacífico, Patricia. "A Feminist Approach to Three Latin American Writers." Una historia de servicio. 66 Aniversario de la Universidad Interamericana. Río Piedras, P.R.: Interamerican U. Press, 1979. 136-42.

Promis, José. "'La última niebla' en el contexto novelesco de 1930/1935." Literatura Chilena. Creación y Crítica 29 (1984): 2-4.

Rábalo, Alberto. "Elementos surrealistas en 'La última niebla.'" Hispania 64.1 (1981): 31-40.

Reyes, Juan Pablo de los. "El amante desconocido en 'La última niebla' de María Luisa Bombal. Exilio 5.3-4 (1971): 151-59.

Rice, Mary. "La novela femenina del siglo XX: Bombal, LaForet y Martín Craite." Mester 15.2 (1986): 7-12.

Rodríguez Peralta, Phyllis. "María Luisa Bombal's Poetic Novels of Female Estrangement." Revista de Estudios Hispánicos 14.1 (1980): 139-35.

Seton, Lynette. "La creación del ensueño en 'La última niebla.'" Armas y Letras 8.4 (1965): 38-45.

Sosnowski, Saúl. "El agua, motivo primordial en 'La última niebla.'" Cuadernos Hispanoamericanos 277-78 (1973): 365-74.

Stewart, Janet Louise Beckwith. "The Concept of 'Lyrical Novel' as seen in Three Spanish American Novels." Diss. Austin: U. of Texas, 1979. DAI 40, 1980, 4071 A.

Suárez, Calimano Emilio. "'La amortajada', novela de María Luisa Bombal." Nosotros 30 (1938): 186-87.

Torres-Rioseco, Arturo. "El estilo en las novelas de María Luisa Bombal." Ensayos sobre literatura latinoamericana 2da. serie. Berkeley: U. of California Press, 1958. 179-90.

___. "La novela chilena contemporánea." Journal of Inter American Studies 4.4 (1962): 503-16.

___. "El nuevo estilo en la novela." Revista Iberoamericana 3.5-6 (1941): 75-83.

Turek, Rosa S. "El escapismo: Dos perspectivas del mismo tema en 'La última niebla' de María Bombal." Norte 275 (1977): 59-62.

Urza, Carmelo. "Alienation and Symbol in Mariotti's 'No fundo , no fundo', and Bombal's 'La última niebla.'" Luso-Brazilian Review 21.1 (1984): 89-98.

Valenzuela, Víctor. 'La amortajada': Grandes escritoras hispanoamericanas. Poetisas y novelistas. Bethlehem: Lehigh U.P., 1974. 99-112.

Vidal, Hernán. "Mutaciones de la tradición mimética en la novela de espacio hispanoamericana de comienzos de siglo." Diss. Iowa City: U. of Iowa, 1967. DAI 28, 1967/68, 4190 A.

Welles, Marcia L. "El casamiento engañoso: Marriage in the Novels of María Luisa Bombal, Silvina Bullrich, and Elisa Serrana." Female Studies 9 (1975): 121-30.

Williams, Lorna V. 'The Shrouded Woman': Marriage and Its Constraints in the Fiction of María Luisa Bombal." Latin American Literary Review 10.20 (1982): 21-30.

SHORT STORY

Agosín, Marjorie. "Un cuento de hadas a la inversa. 'La historia de María Griselda o la belleza aniquilada.'" Hispanic Journal 5.1 (1983): 141-49.

___. "'Las islas nuevas' o la violación de lo maravilloso.'" Hispania 67.4 (184): 577-84.

___. "La mímesis de la interioridad: 'Soledad de la sangre' de Marta Brunet y 'El árbol' de María Luisa Bombal." Neophilologus 68.3 (1984): 380-88.

Cárdenas, Daniel N. "María Luisa Bombal: 'El árbol.'" Revista de Artes y Letras de la Universidad de Costa Rica 4.1 (1980): 55-59.

Debicki, Andrew P. "Structure, Imagery, and Experience in María Luisa Bombal's 'The Tree.'" Studies in Short Fiction 1 (1971): 123-29.

Dolz-Blackburn, Inés. "Técnicas en la presentación de una imagen de mujer en la literatura latinoamericana actual: 'La historia de María Griselda' de María Luisa Bombal." Explicación de Textos Literarios 8 (1979-80): 209-12.

Fernández, Oscar. "El árbol y la hoja en tres cuentos: J.R.R. Tolkien, O. Henry y María Luisa Bombal." Abside 42 (1978): 352-80.

Goíc, Cedomil. "'El árbol' de María Luisa Bombal." Castellano: Segundo año de enseñanza media. Santiago de Chile: Editorial Universitaria, 1970. 50-53.

Guerra-Cunningham, Lucía. "Cuento maravilloso y tragedia en 'La historia de María Griselda.'" Mujer y sociedad en América Latina. México: Editorial del Pacífico, 1980. 233-41.

___. "'El árbol': Liberación y marginalidad." Nueva Revista del Pacífico 15-16 (1980): 8-28.

Hermosilla S., Julia. Análisis de los cuentos de María Luisa Bombal. Valdivia, Chile: Universidad Austral, 1966.

___. "Lectura interpretativa de 'Las trenzas' de María Luisa Bombal." Estudios Filológicos 10 (1974-75): 81-92.

Martínez Zúñiga, Ana. "'Washington, ciudad de las ardillas' de María Luisa Bombal." Nueva Revista del Pacífico 15-16 (1980): 57-68.

Mora, Gabriela. "Rechazo del mito en 'Las islas nuevas' de María Luisa Bombal." Revista Iberoamericana 51.132-33 (1985): 853-65.

Peña Muñoz, Manuel. "La presencia del mar en el cuento 'Lo secreto.'" Nueva Revista del Pacífico 4 (1976): 128-31.

Reilly, (Sister) Philip Mary. "The Development of the Short Story in Chile: A Study of 20 Stories." Diss. Austin: U. of Texas, 1972.

Valdivieso, Mercedes (Tr. Ellen Wilkerson). "Social Denunciation in the Language of 'El árbol' (The tree) by María Luisa Bombal." Latin American Literary Review 4.9 (1976): 70-76.

Vial, Sara. "María Luisa Bombal, nuestra 'Abeja de fuego.'" María Luisa Bombal. La historia de María Griselda. Quillota: Eds. El Observador, 1976. 59-80.

DRAMA

Agosín, Marjorie. "Conflictos y resoluciones parciales en 'Believe Me Love' de María Luisa Bombal." Chasqui 9.1 (1979): 76-78.

BRUNET, Marta

GENERAL

Agosín, Marjorie. "Marta Brunet: A Literary Biography." Revista Interamericana de Bibliografía 36.4 (1986): 452-59.

Durán Cerda, Julio. "Marta Brunet, puente de plata hacia el sur." Anales de la Universidad de Chile 119.124 (1961): 89-94.

Geel, María Carolina. "Marta Brunet." Siete escritoras Chilenas. Santiago de Chile: Rapa Nui, 1940. 47-61.

Lagos-Pope, María-Inés. "Sumisión y rebeldía: El doble o la representación de la alienación femenina en narraciones de Marta Brunet y Rosario Ferré." Revista Iberoamericana 51.132-33 (1985): 731-49.

Mistral, Gabriela. "Sobre Marta Brunet," Repertorio Americano 17.6 (1928): 89-90.

Montes, Hugo. "Narración y personaje en la obra de Marta Brunet." Capítulos de literatura chilena. Santiago de Chile: Ministerio de Educación, 1974. 81-87.

Nolasco Cruz, Pedro. "Marta Brunet." Estudios sobre la literatura chilena. Santiago de Chile: Nascimento, 1940. v.3, 201-207.

Rodríguez Monegal, Emir. "Marta Brunet en su ficción y en su realidad." Narradores de esta América. Montevideo: Editorial Alfa, 1969-74. vol.1, 132-37.

Rossel, Milton. "Marta Brunet." Atenea 418 (1967): 157-63.

Silva Castro, Raúl. "Marta Brunet." Retratos literarios. Santiago de Chile: Ediciones Ercilla, 1932. 189-98.

Valenzuela, Víctor M. "El fatalismo en la obra de Marta Brunet." La Nueva Democracia 36.4 (1959): 24-27.

NOVEL

Allen, Martha E. "Dos estilos de novela: Marta Brunet y María Luisa Bombal." Revista Iberoamericana 18.35 (1952-53): 63-91.

Coll, Edna. "Teresa de la Parra, Marta Brunet, Magdalena Mondragón: Abresurcos en la novelística femenina hispanoamericana." Memorias del Congreso de Catedráticos de Literatura Iberoamericana 13 (1968): 187-96.

Drago, Gonzalo. "Sobre: 'María nadie' de Marta Brunet." Atenea 130.379 (1958): 264-66.

Fox-Lockert, Lucía. "Marta Brunet." Women Novelists in Spain and Spanish America. Metuchen, N.J.: Scarecrow Press, 1979. 195-201.

García Ordini, Fernando. "Marta Brunet." Doce escritores. Santiago de Chile: Nascimento, 1929. 97-108.

Guasta, Eugenio. "María nadie." Sur 256 (1959): 114-15.

Melón de Díaz, Esther. La narrativa de Marta Brunet. Río Piedras, P.R.: Editorial Universitaria, 1975.

Merino Reyes, Luis. "El criollismo de Marta Brunet." Perfil humano de la literatura chilena. Santiago: Orbe, 1967. 185-88.

Morello Frioli, Carlos. "Un acercamiento a la novela de Marta Brunet." Nueva Revista del Pacífico 9 (1978): 38-47.

Peel, Roger. "The Narrative Prose of Marta Brunet." Diss. New Haven: Yale U., 1966. DAI 27, 1967, 2541 A.

Rama, Angel. "Sobre: Marta Brunet: 'Amasijo.'" Marcha (1963): 10-15.

Rosales, César. "Sobre: 'Humo hacia el sur.'" Sur 138 (1946): 99-104.

Silva Castro, Raúl. "'María nadie' novela de Marta Brunet." Atenea 378 (1957): 258-62.

___. "Marta Brunet." Historia crítica de la novela chilena, 1843-1956. Madrid: Ediciones Cultura Hispánica, 1960, 343-55.

Suárez Calimano, Emilio. "'Montaña adentro' y 'Bestia dañina,' por Marta Brunet." Nosotros 2da. época, 215 (1927): 107-108.

Torre, Guillermo de. "Marta Brunet y su narrativa chilena." Tres conceptos de la literatura hispanoamericana. Buenos Aires: Losada, 1963. 199-204.

Tull, John F. "El desarrollo de la novela de Marta Brunet." Duquesne Hispanic Review 5 (1966): 57-62.

"Marta Brunet: 'Montaña adentro.'" Emilio Vaisse Estudios críticos de literatura chilena. Santiago: Nascimento, 1940. 65-69.

Valenzuela, Víctor. "Marta Brunet y 'María nadie.'" La Nueva Democracia 2 (1950).

Villarino, María de. "La soledad y el sueño en las novelas de Marta Brunet." La Nación (1959): 4-5.

POETRY

Montes, Hugo. "Poesía de Marta Brunet." Revista Chilena de Literatura 20 (1982): 41-62.

SHORT STORY

Agosín, Marjorie. "'La casa iluminada' en la penunbra: Un cuento de Marta Brunet." Silencio e imaginación (Metáforas de la escritura femenina). México: Editorial Katún, 1986. 49-60.

___. "La mímesis de la interioridad: 'Soledad de la sangre' de Marta Brunet y 'El árbol' de María Luisa Bombal." Neophilologus 68.3 (1984): 380-88.

Bazán, Juan F. "Soledad de la sangre." La narrativa latinoamericana. Asunción: Diálogo, 1970. 149-52.

Bernal, Alfredo Alejandro. "Notas sobre la evolución de la mujer en los cuentos de Marta Brunet." Chiricú 3.3 (1984): 19-25.

Campos, Jorge. "Los cuentos de Marta Brunet." Insula 17.187 (1962): 11.

Inostroza, Raúl. "La soledad en los cuentos de Marta Brunet." Literatura Chilena en el Exilio (1980): 24-26.

Mengod, Vicente. "Cuentos de Marta Brunet." Atenea 146 (1962): 203-204.

Mora, Gabriela. "Una lectura de 'Soledad de la sangre' de Marta Brunet." Estudios Filológicos 19 (1984): 81-90.

Peel, Roger. "The Narrative Prose of Marta Brunet." Diss. New Haven, Yale U., 1966. DAI 27, 1967, 2541 A.

Perry, Daniel. "'Cuentos para Marisol' por Marta Brunet." Atenea 15.159 (1938): 557-60.

Torre, Guillermo de. "'Raíz del sueño.'" Sur 176 (1949): 81-82.

CRUCHAGA DE WALKER, Rosa

POETRY

Castro, Víctor. "Antología poética de Rosa Cruchaga de Walker." Atenea 445 (1982): 185-99.

Scarpa, Roque Esteban. Primer miembro de número femenino." Atenea 450 (1984): 95-100.

Osses, Mario. Trinidad poética de Chile: Angel Cruchaga Santa María, Gabriela Mistral y Pablo Neruda. Santiago, de Chile: U. de Chile, 1947.

DIAZ-DIOCARETZ, Myriam

POETRY

Duncan, Erika. "Myriam Díaz-Diocaretz: Letting the Sun Look into our Eyes." Third Woman 1.2 (1982): 70-75.

Zavala, Iris M. "El texto emancipatorio de Myriam Díaz-Diocaretz." Third Woman 2.2 (1984): 105-109.

DOMINGUEZ, Delia

POETRY

Agosín, Marjorie. "Contemporary Poetry of Chile." Concerning Poetry 17.2 (1984): 43-53.

Campaña, Antonio. "Poesía de Delia Domínguez." Atenea 446 (1982): 161-83.

Villegas-Morales, Juan. "Poesía femenina y valor literario." Estudio sobre poesía chilena. Santiago, de Chile: Nascimento, 1980. 82-94.

GEEL, María Carolina

NOVEL

Agosín, Marjorie. "'Cárcel de mujeres' o las voces sordas." Silencio e imaginación (Metáforas de la escritura femenina). México: Editorial Katún, 1986. 61-70.

Espinosa, Mario. "Cuatro imágenes del eros en María Carolina Geel." Cuadernos Americanos year 25 146.3 (1966): 231-39.

Silva Castro, Raúl. "Novelistas recientes." Historia crítica de la novela chilena 1843-1956. Madrid: Ediciones Cultura Hispánica, 1960, 384-86.

GERTNER, María Elena

NOVEL

Agosín, Marjorie. "María Elena Gertner y 'La derrota' de una mala lectura." Silencio e imaginación (Metáforas de la escritura femenina). México: Editorial Katún, 1986. 71-83.

Guerra-Cunningham, Lucía. "La problemática de la existencia en la novela chilena." Cuadernos Hispanoamericanos 339 (1978): 408-28.

Trujillo, Virginia Delam. "The Female Problematic as Reflected in Novels of Three Chilean Women Writers in the Generation of 1950." Diss. Irving: U. of California, 1983. DAI 44, 1984, 2482 A.

GUERRA-CUNNINGHAM, Lucía

NOVEL

Muñoz, Elías Miguel. "La mujer y la historia en 'Más allá de las máscaras' de Lucía Guerra." Continental, Latin-American, and Franophone Women Writers. Eunice Myers and Jenette Adamson, Eds. New York: U. Press of America, 1987. 139-47.

JAUCH, Emma

POETRY

Jauch, Emma. "Mi vida y mi poesía." Atenea 451: (1985): 143-68.

Mesa Seco, Manuel Francisco. "La poesía de Emma Jauch." Atenea 451 (1985): 135-42.

MATTE ALESSANDRI, Ester

POETRY

Castro, Víctor. "Poesía de Ester Matte Alessandri." Atenea 447 (1983): 155-69.

MISTRAL, Gabriela

GENERAL

Figueira, Gastón. De la vida y la obra de Gabriela Mistral. Montevideo: 1959.

Rosenbaum, Sidonia. "Gabriela Mistral, vida y obra." Revista Hispánica Moderna 3 (1937): 110-40.

Sabella, Andrés. "El hijo desconocido de Gabriel Mistral." Atenea 82.246 (1945): 228-36.

Wheelock, Ruth A. "Gabriela Mistral, Voice of the Americas." The Catholic World 186.1114 (1958): 252-58.

POETRY

Agosín, Marjorie. "Contemporary Poetry of Chile." Concerning Poetry 17.2 (1984): 43-53.

Aguilera, Honorio. "El alma cristiana de Gabriela Mistral." La Revista Católica de Santiago 67 (1959): 2481-84.

"Al márgen de 'Tala.'" Revista de las Mujeres Graduadas 2.3 (1940): 25-32.

Alarcón, Abel. "'Desolación', poemas por Gabriela Mistral." Hispania 6 (1923): 202-203.

Alba, Pedro de. "Dádivas espirituales de Gabriela Mistral." La Nueva Democracia 27.3 (1947): 52-55

___. "Elogio de la peregrina iluminada." La Nueva Democracia 25.9 (1944): 16-18.

___. "Gabriela Mistral por los caminos de América." Boletín de la Unión Panamericana 80 (1946): 123-31.

___. "Hispanismo e indigenismo de Gabriela Mistral." Anales de la Universidad de Chile 106 (1957): 79-80.

___. "Oración por Gabriela Mistral." Filosofía y Letras 31 (1957): 237-44.

Alegría, Ciro. Gabriela Mistral, íntima. Lima: Editorial Universo, 1968.

Alegría, Fernando. "Gabriela Mistral: Retrato." Las fronteras del realismo. Santiago de Chile: Editorial Zig-Zag, 1962. 139-69.

___. Genio y Figura de Gabriela Mistral. Buenos Aires: Editorial Universitaria de Buenos Aires, 1966.

___. "Hacia una definición de la poesía chilena." Atenea 34.378 (1957): 170-85.

___. "La poesía chilena: Una conferencia de Eduardo Anguita." Cultura 5 (1955): 119-22.

Alone (Hernán Díaz Arrieta). "'Desolación.'" La Nación June 3, 1923.

___. Gabriela Mistral. Santiago de Chile: Nascimento, 1946.

___. "Gabriela Mistral." Las cien mejores poesías chilenas. Santiago de Chile: Zig-Zag, 1949. 64-81.

___. "Gabriela Mistral." Los cuatro grandes de la literatura chilena durante el siglo XX. Santiago de Chile: Zig-Zag, 1963. 119-51.

___. "Gabriela Mistral." Panorama de la literatura chilena durante el siglo XX. Santiago de Chile: Nascimento, 1931. 68-71.

___. "Interpretación de Gabriela Mistral." Anales de la Universidad de Chile 106 (1975): 15-18.

___. "'Tala.'" La Nación May 29, 1938.

___. "Los últimos libros de Gabriela Mistral y Pablo Neruda." Revista Nacional de Cultura 17.110 (1955): 102-109.

Alvarez-Borland, Isabel. "Víctor Hugo, Gabriela Mistral y l'intertextualité." Revista de Estudios Hispánicos 18.3 (1984): 371-80.

Amador Sánchez, Luis. "El existencialismo cristiano de Gabriela." La Nueva Democracia 37.3 (1957): 42-49.

"El amor a la infancia en una obra poética." Life en Español 17.8 (1961): 43-47, 49.

Anadón, José. "Una carta de Gabriela Mistral sobre 'Desolación.'" Hispamérica 7.19 (1978): 27-42.

Anastasia Sosa, Louis V. "El sentido de la vida en algunas imágenes de Gabriela Mistral." Revista Iberoamericana de Literatura 2-3 (1960): 5-78.

Arango, Rubén. "Vida, pasión y poesía de Gabriela Mistral." Revista de las Indias 101 (1948): 293-305.

Araquistain, Luis. "Magisterio y poesía." Repertorio Americano 23 (1925): 52-53.

Arce, Magda. "Presencia de Gabriela Mistral." Revista de Educación 43 (1946): 3-34.

Arce de Vázquez, Margot. Gabriela Mistral, persona y poesía. Río Piedras, P.R.: Asomante, 1958.

___. Gabriela Mistral, the Poet and Her Work. Tr. Helen Maslo Anderson. New York: New York U. Press, 1964.

___. "Libros de Gabriela Mistral." Revista de la Asociación de Mujeres Graduadas 2.3 (1940): 24-32.

___. "Vida y Poesía de Gabriela Mistral." Asomante 2.2 (1946): 5-13.

Arciniegas, Germán. "Gabriela, la fantástica chilena." Cuadernos Israelíes 4 (1960): 22-26.

___. "El poema inédito de Gabriela." Cuadernos del Congreso por la Libertad de la Cultura 23 (1957): 17-19.

Arrigoitía Rodríguez, Manuel. "Gabriela Mistral, ideas pedagógicas en su periodismo americano." Pedagogía 12.1 (1964): 85-97.

___. "Pensamiento y forma en la poesía de Gabriela Mistral. Diss. Madrid: Universidad de Madrid, 1963.

Arteche, Miguel. "El extraño caso de Gabriela Mistral." Cuadernos Hispanoamericanos 221 (1968): 313-34.

___. LLaves para la poesía. Gabriela Mistral y Pablo Neruda. Santiago de Chile: Andrés Bello, 1984.

Asturias, Miguel Angel. "Gabriela Mistral." Ficción 8 (1957): 49-50.

Athayde, Tristán de. "Las tres poetisas del sur." Ateneo 2.3 (1925): 227-39.

Aubrun, Charles. "Gabriela Mistral, Rubén Darío y la invención poética." Quaderni Ibero-americani 42-44 (1973-74): 142-46.

Azócar, Rubén. La poesía chilena moderna. Santiago: Pacífico del Sur, 1931. 115-29.

Balseiro, José A. "Gabriela Mistral." Expresión de hispanoamérica. San Juan: Instituto de Cultura Puertorriqueña, 1960. 187-210.

Baquerizo Moreno, Alfredo. "Gabriela Mistral." Ensayos, apuntes y discursos. Guayaquil: Biblioteca Guayaquil, 1940. 69-77.

Bara, Walter. "Gabriela Mistral, 'Woman Divine.'" New Mexico Quarterly Review 17.2 (1947): 221-27.

Barrett, Ivonne Guillón. "El simbolismo antropomórfico del árbol en la poesía de Gabriela Mistral." Letras Femeninas 1.1 (1975): 44-55.

Barrio, Margarita. "Il fanciullo nella poesia di Gabriela Mistral." Convivium 31 (1963): 40-50.

Bates, Margaret J. "Apropos an Article on Gabriela Mistral." The Americas 14.2 (1957): 145-51.

___. "The Definitive Edition of Gabriela Mistral's Poetry." Revista Interamericana de Bibliografía/Inter-American Review of Bibliography 16 (1966): 411-15.

___. "Gabriela Mistral." The Americas 3.21 (1946): 168-89; 14 (1957): 145-51.

___. "Gabriela Mistral's 'Poema de Chile.'" The Americas 18 (1961): 261-76.

Chile 83

Becerra y Córdoba, Esaú. "Gabriela Mistral, producto indoamericano." Universidad de Antioquía 75-76 (1946): 483-85.

Bellini, Giuseppe. "Traiettoria poetica de Gabriela Mistral." Pablo Neruda & Altri Saggi sulla poesia ispanoamericana Milan: La Goliardica, 1966. 33-71.

Berchmans, (Sister) John. "Gabriela Mistral and the Franciscan Concept of Life." Renascence 5 (1952): 40-46, 95.

Bietti, Oscar. "Evolución de la poesía de Gabriela Mistral." Nosotros 6.68 (1941): 187-93.

Billone, Vicente A. "Gabriela Mistral." Humanitas 2.4 (1954): 343-46.

Binvignat, Fernando. "Cantad sus rondas floridas." Atenea 124 (1957): 8-14.

___. "Gabriela Mistral." Atenea 158 (1938): 245-50.

Blume, Jaime. Un prólogo y tres autores. Santiago: Ediciones Aconcagua, 1977.

Bollo, Sarah. "Gabriela Mistral: Una voz lírica continental." Revista Nacional 8.90 (1945): 324-28.

___. "La poesía de Gabriela Mistral." Insula 2 (1944): 83-92.

___. "Una voz lírica continental." Revista Nacional 90 (1945): 324-28.

Brenes Mesén, Roberto. "Gabriela Mistral" Nosotros 245 (1929): 5-22.

Bueno, Salvador. "Aproximaciones a Gabriela Mistral." Anales de la Universidad de Chile 4.106 (1957): 58-67.

Bussche, Gastón Von Dem. "Análisis estilístico del poema 'La copa' de Gabriela Mistral." Anales de la Universidad de Chile 114.101 (1956): 159-63.

___. "Tala." Anales de la Universidad de Chile 101 (1952): 159-63

___. "Visión de una poesía." Anales de la Universidad de Chile 115.106 (1957): 176-94.

Cabrales, Luis A. "'Desolación.'" Estudios 154 (1945): 20-24.

Cádiz Figueroa, Oscar. "Estudios sobre Gabriela Mistral." Letras y Encajes 313 (1952): 2692-700.

Caimano, Emily Mary (Sister Rose Aquin). Mysticism in Gabriela Mistral. New York: Pageant, 1969.

Carrasco Muñoz, Iván. "Dos discursos complementarios: Las dedicatorias y las notas." Estudios Filológicos 14 (1979): 129-37.

___. "'Intima' de Gabriela Mistral: La escritura correctora." Estudios Filológicos 18 (1983): 35-48.

___. "El mito de Orfeo y el 'Poema de Chile' de Gabriela Mistral." Revista Chilena de Literatura 9.11 (1977): 21-40.

___. "Los títulos en el discurso poético." Estudios Filológicos 19 (1984): 69-80.

Carrera, Julieta. "Gabriel Mistral." Pensamiento Peruano (1945): 47-53.

___. "Gabriela Mistral." Repertorio Americano 1936.

___. "Gabriela Mistral." Revista Nacional de Cultura 3.31 (1942): 22-31.

Carrera Andrade, Jorge. "Muerte y gloria de Gabriela Mistral." Cuadernos del Congreso por la Libertad de la Cultura 23 (1957): 26-28.

___. "La quinta de Gabriela Mistral." Revista Americana 23 (1946): 153-60.

Carrión, Benjamín. "Meditación sobre Gabriela Mistral." Anales de la Universidad de Chile 106 (1957): 70-78.

___. "La palabra maldita." Cuadernos Americanos 81 (1955): 7-14.

___. Santa Gabriela Mistral. Quito: Casa de la Cultura Ecuatoriana, 1956.

___. "Sí, Santa Gabriela Mistral." Cuadernos Americanos 93 (1957): 238-44.

Carvalho, Amorin De. "Gabriela Mistral: Da lei super-divina do amor a uma nova teodiceia e uma nova cristologia." Deus e o homen na poesia e na filosofia. Porto, Brazil: Livraria Figueirinhas, 1959. 113-22.

Cash, M.J. "Gabriela Mistral: Los poemas de las madres." Política y Espíritu 7.49-50 (1950): 56-58.

Castello, Homero. "Nuevos materiales inéditos de Gabriela Mistral." Hispania 49.2 (1966): 336-37.

Chacel, Rosa. "Gabriela Mistral." Sur 134 (1945): 16-29.

Chacón y Calvo, José María. "Gabriela Mistral en una asamblea franciscana." Boletín de la Academia Cubana de la Lengua 6 (1957): 111-18.

Clavería, Carlos. "El americanismo de Gabriela Mistral." Bulletin of Spanish Studies 23 (1946): 116-27.

Clulow, Alfred S. "'Desolación.'" Nuestra América 7 (1923): 366-72.

Coddou, Marcelo, and Mirella Servodidio, Eds. Gabriela Mistral. Veracruz: Centro de Investigaciones Linguístico-Literarias de la U. Veracruzana, 1980.

Cofre Silva, Margarita. "Gabriela Mistral, pensador americano." Revista de Educación 34 (1946): 32-38, 42.

Colin, Eduardo. "Gabriela Mistral." Atenea 2.7 (1925): 263-66.

___. "Gabriela Mistral." Revista de Revistas 14 (1923): 32-33.

Collantes de Terán, Juan. "Gabriela Mistral." Estudios Americanos 13 (1957): 367-70.

Concha, Jaime. "La poesía chilena actual." Cuadernos Americanos 214.5 (1977): 211-22.

Conde, Carmen. Gabriela Mistral. Madrid: Epesa, 1971.

___. "Gabriela Mistral: Rasgos de su permanencia en España." Repertorio Americano 31.9 (1936).

Contreras, Pedro, and Albertina. "Estudio de la obra poética de Gabriela Mistral." Revista de Educación 6.26 (1946): 161-68.

Craig, (Sister) M. Barbara. "Examen de la teoría poética de Carlos Bousoño con una aplicación a la poesía de Gabriela Mistral." Diss. Washington D.C.: Georgetown U., 1969. DAI 30, 1969, 1545 A.

Cresta de Leguizamón, María. "América y Gabriela Mistral." Revista de Humanidades 1.2 (1959): 129-39.

Cruchaga Santa María, Angel. "Resplandor de Gabriela Mistral." Antártica 15-16 (1945): 96-99.

Cruz, Pedro Nolasco. "Dos poetas." Estudios sobre la literatura chilena. vol.3 Santiago de Chile: Casa Zamorano y Caperán, 1926. 317-32.

___. "Gabriela Mistral." Estudios de literatura chilena. Santiago de Chile: Editorial Nascimento, 1940. 317-27.

Cúneo, Ana María. "Hacia la determinación del 'arte poética' de Gabriela Mistral." Revista Chilena de Literatura 26 (1985): 19-36.

Daireaux, Max. Panorama de la littérature hispanoaméricaine. Paris: Kra, 1930, 169-74.

D'Angelo, Giuseppe. "Presencia de la maternidad en la poesía de Gabriela Mistral." Thesaurus 22 (1967): 221-50.

Darmangeat, Pierre. "Le mouvement littéraire en Amérique hispanique après Rubén Darío. Gabriela Mistral poète de l'enfance." Centre de Documentation Universitaire (1954): 39-59.

Davenport, Guy. "Distant Voices." Hudson Review 24 (1971): 696-701.

Daydí Tolson, Santiago. "Gabriela Mistral y su 'Poema de Chile.'" Revista Signos de Valparaíso 3.1-2 (1969): 147-51.

___. "La locura en Gabriela Mistral." Revista Chilena de Literatura 21 (1983): 47-62.

___. "El yo lírico en 'Poema de Chile' de Gabriela Mistral." Revista Chilena de Literatura 19 (1982): 5-20.

Dey, Susnigdha. "A Latin American Poet's Vision of India." Indian Literature 14.1 (1971): 106-11.

Díaz-Casanueva, Humberto. Gabriela Mistral. México: Centro de Investigaciones Linguístico-Literarias, Instituto de Investigaciones Humanísticas, Universidad Veracruzana, 1980.

Díaz Castañón, Carmen. "Un cuarto tiempo para una metáfora." Papeles de son Armadans 68 (1973): 167-76.

Diego, Gerardo. "La nueva poesía de Gabriela Mistral." Revista de Indias (Madrid) 6 (1945): 811-20.

Diez-Canedo, Enrique. "En torno a Gabriela Mistral." Letras de América. México: El Colegio de México, 1944. 297-307.

Dinamarca, Salvador. "Gabriela Mistral y su obra poética." Hispania 41.1 (1958): 48-50.

Donoso, Armando. "Gabriela Mistral, un poeta representativo." La otra América. Madrid: Agencia Mundial de Libros, 1925. 37-65.

Donoso G., Francisco. "Gabriela Mistral." Al margen de la poesía. Paris: Agencia Mundial de Librería, 1927. 101-104.

Donoso Loero, Teresa. "Gabriela Mistral y la maternidad frustrada." Finis Terrae 14.60 (1967): 7-15.

Donoso Torres, Vicente. "El alma de Gabriela Mistral a través de sus poemas." Cuadernos Israelíes 4 (1960): 11-18.

Espinosa, Aurelio Macedonio. "Gabriela Mistral." The Americas 8.1 (1951): 3-40.

Estinger, Rafael. "Gabriela Mistral, virgen y madre." Aula Contemporánea 44 (1927): 219-74.

Estrella Gutiérrez, Fermín. "Gabriela Mistral, maestra." La Nueva Democracia 37.4 (1957): 46-49.

Feito, Francisco E. "Del tiempo y la distancia en la desolación de Gabriela Mistral." Festschrift José Cid Pérez. Alberto Gutiérrez de la Solana y Elio Alba-Buffill, Eds. Nueva York: Senda Nueva de Eds., 1981. 205-209.

Figueira, Gastón. "La depuración estilística en Gabriela Mistral." Cuadernos Israelíes 4 (1960): 69-79.

___. "Evocaciones de Gabriela Mistral." La Torre 16.59 (1968): 95-213.

___. "Gabriela Mistral." Revista Iberoamericana 16.32 (1951): 233-44.

___. "Gabriela Mistral. 'Lagar.'" Revista Iberoamericana 20.40 (1955): 353-54.

___. "Las relaciones literarias y amistosas entre Gabriela Mistral y Juana de Ibarbourou." Revista Interamericana de Bibliografía/Inter-American Review of Bibliography 25 (1975): 13-23.

Figueroa, Virgilio. La divina Gabriela. Santiago de Chile: Imprenta El Esfuerzo, 1933, 1944

Fihman, Pablo Rubén. "Lo bíblico en Gabriela Mistral." Davar 72 (1957): 18-35.

Finlayson, Clarence. "Amor y paisaje en Gabriela Mistral." Revista Universitaria 23.3 (1938): 65-71.

___. "Panorama al vuelo: Algunos poetas chilenos." Revista Universitaria Número especial (1938): 166-89.

Florit, Eugenio. "Paisaje y poesía en Gabriela Mistral." Miscelanea de Estudos a Joaquim de Carvalho 7 (1961): 712-18.

Fraser, Howard M. "Gabriela Mistral's 'Sonnets to Ruth': The Consolation of Passion." Studies in 20th-Century Literature 3 (1978): 5-21.

Fuenzalida, Héctor. "Gabriela Mistral en la última vuelta." Anales de la Universidad de Chile 115.106 (1957): 84-90.

García Ordini, Fernando. "Gabriela Mistral." Doce escritores. Santiago de Chile: Nascimento, 1929. 109-22.

García Prada, Carlos. "La desolación de Gabriela Mistral." Letras Hispanoamericanas: Ensayos de simpatía. Madrid: Ediciones Iberoamericanas, 1963. vol.1, 7-34.

___. "Gabriela Mistral." Revista Chilena 12.97 (1928): 377-97.

Gazarian Gautier, Marie-Lise. "El encuentro de Gabriela Mistral con Santa Teresa." Santa Teresa y la literatura mística hispánica: Actas del I Congreso Internacional sobre Santa Teresa y la mística hispánica. Manuel Criado de Val, Ed. Madrid: EDI-b, 1984. 721-27.

___. Gabriela Mistral, la maestra de Elqui. Buenos Aires: Crespillo, 1973. Gabriela Mistral: The Teacher from the Valley of Elqui. Chicago: Franciscan Herald Press, 1975.

Geel, María Carolina. "Gabriela Mistral." Siete Escritoras Chilenas. Santiago de Chile: Rapa Nui, 1940. 13-29.

Genovese, V. "Sobre 'Desolación.'" The Spanish Review 1 (1934): 34-35.

Godoy, Emma. "Gabriela Mistral." Abside 32.2 (1968): 125-33.

Goíc, Cedomil. "'Cadenillas' en la poesía de Gabriela Mistral." Atenea 32.374 (1957): 44-50.

___. "'Cima' de Gabriela Mistral." Revista Iberoamericana 48.118-19 (1982): 59-72.

González, Manuel Pedro. "'La huella': Poesía inédita [y comentario] por Gabriela Mistral." Modern Language Forum 32.3-4 (1947): 49-58.

González Lanuza, Eduardo. "Poesía y sexo: A propósito de 'Tala.'" Sur 8.49 (1938): 55-62.

González Ruano, C. "Gabriela Mistral." Literatura Americana: Ensayos de madrigal y de crítica. I. Poetisas modernas. Madrid: Fernando Fé, 1924. 53-65.

González Vera, José Santos. "Gabriela Mistral." Algunos. Santiago de Chile: Nascimento, 1959. 125-50.

Guevara, D.C. "Gabriela Mistral." Revista de Pedagogía y Cultura Nacional 8.30-40 (1940): 232-66.

Gullón, Ricardo. "Sobre Margot Arce de Vázquez y Gabriela Mistral: Persona y poesia." La Torre 8.25 (1959): 230-34.

Gumucio, Alejandro. Gabriela Mistral y el premio Nobel. Santiago de Chile: Nascimento, 1946.

Guzmán, Jorge. Diferencias Latinoamericanas: Mistral, Carpentier, García Márquez, Puig. Santiago de Chile: Centro de Estudios Humanísticos, Facultad de Ciencias Físicas y Matemáticas, Universidad de Chile, 1984.

Hamilton, Carlos. "Gabriela Mistral." Nuevo lenguaje poético, de Silva a Neruda. Bogotá: Instituto Caro y Cuervo, 1965. 93-121.

___. "Gabriela de Hispanoamérica." Revista Iberoamericana 23 (1958): 83-92.

___. "Nota sobre el lenguaje de Gabriela Mistral." Thesaurus 17 (1962): 692-95.

___. "Raíces bíblicas en la poesía de Gabriela Mistral." Cuadernos Americanos 20.124 (1961): 201-10.

Haverbeck, Ervin. "Gabriela Mistral: El sentimiento de maternidad en 'Desolación.'" En homenaje a Eleazar Huerta. Valdivia: Universidad Austral de Chile, 1965. 137-52.

Heredia, Zoraida. "La mujer, creadora de literatura." Mujer y Literatura José Rafael Sosa, Ed. Santo Domingo: Editora Universitaria, 1986. 39-52.

Hernández, Juan José. "Gabriela y 'La otra.'" Revista de la Universidad de México 38.19 (1982): 36-38.

Iduarte, Andrés. "En torno a Gabriela Mistral." Cuadernos Americanos 5.2 (1946): 240-56.

Iglesias, Augusto. Gabriela Mistral y el modernismo en Chile. Santiago de Chile: Editorial Universitaria, 1949.

Illanes Adaro, Graciela. "Elqui en la obra de Gabriela Mistral." Atenea 83.248 (1946): 171-80.

Jan, Eduard von. "Die Selbstdarstellung im Werke Mistrals." Formen der Selbstdarstellung. Analekten zu einer Geschichte des "Literarischen Selbstportraits." Festgabe Fur Fritz Neubert. Guter Reichenkron and Erich Haase, Eds. Berlin: Duncker & Humbolt, 1976. 175-86.

Labarthe, Pedro Juan. Gabriela Mistral: Cómo la conocí yo y cinco poemas. San Juan, P.R.: Campos, 1963.

Ladrón de Guevara, Matilde. Gabriela Mistral, rebelde magnífica. Buenos Aires: Losada, 1962.

Lago, Tomás. "Gabriela y el nardo de 'Las parábolas.'" Anales de la Universidad de Chile 106 (1957): 95-98.

Lago de Lapesa, Pilar. "Una poesía olvidada de Gabriela Mistral." Cuadernos Hispanoamericanos 308 (1976): 187-92.

Lagos B., Ramona. "Tres aspectos significativos en 'Ternura' de Gabriela Mistral." Humanitas 13 (1972): 243-60.

Latcham, Ricardo A. "Gabriela Mistral." La Revista Católica de Santiago de Chile 44 (1923): 932-40.

Latorre, M. "El sentido de la naturaleza en la poesía chilena." Ateneo 14.70 (1930): 832-49.

Lefebvre, Alfredo. Poesía española y chilena: Análisis e interpretación de textos. Santiago de Chile: Editorial del Pacífico, 1958. 130-47.

Letona, René. "Geometría lírica en un poema de Gabriela Mistral." Studi di Letteratura Ispano-americana 12 (1982): 23-30.

Levine-Keating, Helane. "Myth and Archetype from a Female Perspective. An Exploration of Twentieth Century North and South American Women Poets." Diss. New York: New York U., 1980. DAI 41, 664 A.

Lillo, Samuel A. Literatura chilena con una antología contemporánea. Santiago de Chile: Nascimento, 1930. 466-69.

Lindo, Hugo. Cuatro grandes poetas de América. Buenos Aires: Librería Perlado, 1959.

Link, Dieter O. "Aproximaciones a tres poemas de Gabriela Mistral." Atenea 43.163 (1966): 159-73.

Lironi, Ana Luisa M. de. El retorno de Gabriela. Buenos Aires: Instituto Argentino-Chileno de Cultura, 1954.

López Morales, Berta. "Un procedimiento constructivo de la poética mistraliana." Acta Literaria 10-11 (1985-86): 91-102.

Luigi, Juan de. "Gabriela Mistral en su primera época." Anales de la Universidad de Chile 115.106 (1957): 39-43.

Luisi, Luisa. "Two South American Poets: Gabriela Mistral and Juana de Ibarbourou." Bulletin of the Pan-American Union 64 (1930): 588-90.

Madariaga, Salvador de. Homenaje a Grabriela Mistral. London: Hispanic and Luso-Brazilian Councils, 1958.

___. "Gabriela y Juan Ramón: La poesía novelable." Cuadernos del Congreso por la Libertad de la Cultura 40 (1959): 57-61.

Mañach, Jorge. "Gabriela: Alma y tierra." Revista Hispánica Moderna año 3 2 (1937): 106-10.

Mandlove, Nancy Bingham. "Gabriela Mistral: The Narrative Sonnet." Review Interamericana 12.1 (1982): 110-14.

Mangini González, Shirley. "Mitología y cosmología en Gabriela Mistral y Pablo Neruda." Discurso Literario 2.2 (1985): 439-55.

Marinello, Juan. "Gabriela Mistral y José Martí." Revista Bimestre Cubana 30 (1932): 232-38.

Martí de Cid, Dolores. "Tres mujeres de América." Universidad de La Habana 61-62 (1945): 251-302.

Martínez Hermoso, Agustín. Gabriela Mistral y los premios nacionales de literatura. Santiago de Chile: Editorial Rapa Nui, 1950.

Martínez-Talentino, Jaime. "Alfonsina Storni y Gabriela Mistral: La poesía como condena o salvación." Escritura: Revista de Teoría y Crítica Literarias 8.16 (1983): 233-30.

Marval, Carlotta. "Gabriela Mistral: El tema de la muerte." Arbor 375 (1977): 73-78.

Meléndez, Concha. "América hispana en la poesía de Gabriela Mistral." Asomante 2.2 (1946): 17-20.

Mengod, Vicente. "Matices en la obra de Gabriela Mistral." Atenea 127.374 (1957): 13-21.

Mercado, Julio. "Gabriela Mistral." Cuba Contemporánea (1923).

Meza Fuentes, R. "Comentario sobre 'Desolación.'" Nuestra América 7 (1923): 366-72.

Miomandre, Francis de. "'Tala': Gabriela Mistral y América Latina." Atenea 56.168 (1939): 460-65.

Molina, Julio S. "Gabriela Mistral: Vida y obra." Revista Hispánica Moderna año 3 2 (1937): 110-35.

___. "Naturaleza americana y estilo en Gabriela Mistral." Anales de la Universidad de Chile 115.106 (1957): 109-24.

Molina Núñez, Julio, and Juan Agustín Araya. Selva lírica. Estudios sobre los poetas chilenos. Santiago de Chile: Imprenta Universo, 1917.

Monsalve, Josué. Gabriela Mistral: La errante solitaria. Santiago: 1958.

Montenegro, Ernesto. "La maestra Gabriela Mistral." Cuba Contemporánea 29 (1922): 351-54.

Montes, Hugo. La lírica chilena de hoy. Santiago de Chile: Zig-Zag, 1970. 9-49.

___. Poesía actual de Chile y España; Presencia de Gabriela Mistral, Pablo Neruda y Vicente Huidobro en la poesía española de hoy. Barcelona: Sayna, 1963. 59-102.

Montoliu, Manuel de. "Gabriela Mistral." Revista de la Juventud Católica (1934).

Mota del Campillo, María R. Maurice de. La poesía humana de Gabriela Mistral. Buenos Aires, 1948.

Navarro, Tomás. "Métrica y ritmo de Gabriela Mistral." Lengua - Literatura - Folklore, estudios dedicados a Rodolfo Oroz. Gastón Carrillo Herrera, Ed. Santiago de Chile: Universidad de Chile, 1967. 383-405.

Nieto Caballero, L.E. "Gabriela Mistral." Colinas inspiradas. Bogotá: Editorial Minerva, 1929. 97-122.

Ocampo, Victoria. "Gabriela Mistral y el premio Nobel." Sur 14.134 (1945): 7-15.

Oelker Link, Dieter. "La actitud mítica, poético-religiosa en las 'Historias de loca' de Gabriela Mistral." Atenea 45.170 (1968): 79-123.

___. "Aproximaciones a tres poemas de Gabriela Mistral." Atenea 413 (1966): 159-73.

Onís, Federico de. Antología de la poesía española e hispanoamericana. Madrid: Centro de Estudios Históricos, 1934. 920-32, 1192.

Oroz, Rodolfo. "En torno al léxico de Gabriela Mistral." Estudios Filológicos y Lingüísticos. Caracas: Instituto Pedagógico, 1974. 377-88.

___. "El epíteto en 'Desolación' de Gabriela Mistral. Boletín de Filología 28 (1977): 85-137.

___. "La exclamación en la poesía de Gabriela Mistral." Libro de homenaje a Luis Alberto Sánchez. Lima: Universidad Mayor Nacional de San Marcos, 1967. 367-72.

___. "Notas sobre el poema 'Ceras eternas' de Gabriela Mistral." Atenea 358 (1955): 116-21.

___. "Los números en la poesía de Gabriela Mistral." Romanica Europae et Americana. Festschrift fur Harri Meier. Hans Dieter Bork, Artur Greive, and Dieter Woll, Eds. Bonn: Bouvier, 1980. 402-409.

Ortiz Vargas, A. "Gabriela Mistral, Chile's Teacher-Poet." Poet Lore 46 (1940): 339-52.

Osses, Mario. "Casticismo de Gabriela Mistral, en torno a 'Desolación.'" Atenea 286 (1949): 121-56.

___. "Gabriela Mistral: Poetisa de la pasión." Conferencia 6-9 (1947): 24-41.

___. Trinidad poética de Chile: Angel Cruchaga Santa María, Gabriela Mistral, Pablo Neruda. Santiago de Chile: Universidad de Chile, 1947.

Oyarzún, Luis. "Gabriela Mistral en su poesía." Anales de la Universidad de Chile 106 (1957): 11-14.

___. "El mundo poético de Gabriela Mistral." Histonium 2.124 (1949): 53-54.

Oyarzún, Mila. "Gabriela Mistral." Atenea año 20 218 (1943): 173-83.

Paz Paredes, Margarita. "Gabriela Mistral, vida y poesía de un alma." Cultura 17 (1959): 162-68.

Peers, Edgar Allison. Gabriela Mistral. Liverpool: Institute of Hispanic Studies, 1946.

Peralta Peralta, Jaime. "El paisaje original de Gabriela Mistral." Los ángeles burladores: Cuentos y ensayos. Madrid, 1961. 61-78.

Percas de Ponseti, Helena. "Reflexiones sobre la poesía femenina hispanoamericana." Revista/Review Interamericana 12.1 (1982): 49-55.

Pérez Blanco, Lucrecio. "Concepto y visión de la vida en la poesía lírica de Gabriela Mistral." XVII Congreso del Instituto Internacional de Literatura Iberoamericana: El barroco en América; Literatura hispanoamericana; Crítica histórico-literaria hispanoamericana. Madrid: Cultura Hispánica del Centro Iberoamericano de Cooperación; Centro Iberoamericano de Cooperación, Universidad Complutense de Madrid, 1978. 783-96.

Pérez Galo, René. "La poesía de Gabriela Mistral." Anales de la Universidad Central del Ecuador 90.345 (1961): 241-65.

Picón Salas, Mariano. "Gabriela Mistral." Atenea 127.374 (1957): 40-43.

Pillement, G. "Sobre: 'Desolación.'" Revue de L'Amérique Latine." vol (1923): 170-71.

Pincheira, Dolores. Gabriela Mistral: Guardiana de la vida. Santiago de Chile: Grupo Fuego de la Poesía, 1980.

Pinilla, Norberto. "Boceto crítico sobre Gabriela Mistral." Revista Iberoamericana 11.21 (1946): 55-62.

Pitollet, C. "G. Mistral: Las mejores poesías líricas." La Renaissance d'Occident 9 (1924): 604-606.

Plá y Beltran, Pascual. "Gabriela Mistral. Humanidad y poesía." Cultura Universitaria 59 (1957): 27-37.

Pomés, Matilde. Gabriela Mistral. Paris: Seghers, 1964.

Posada, Jaime. "Noción de la poetisa." Revista de las Indias 26.84 (1945): 310-11.

Rabanales, Ambrosio. "Tendencias métricas en los sonetos de Gabriela Mistral." Studia philologíca, homenaje a Dámaso Alonso. Madrid: Gredos, 1963. 13-51.

Rama, Angel. "La oscura formación de un poeta." Revista Iberoamericana de Literatura 1.1 (1966): 109-18.

Reid, Alberto. La sangre luego del mar. Santiago de Chile: Editorial del Pacífico, 1956.

Rheinfelder, Hans. "Gabriela Mistral." Anales 115.106 (1957): 44-57.

___. Gabriela Mistral, Motive Ihrer Lyrik. Munchen: Verlag der Bayerischen Akademie der Wissenschaften, 1955.

Riestra, Gloria. "La influencia de Tagore en Gabriela Mistral." Sembradores de Amistad (1965): 5-9.

Rincón, César David. "Gabriela Mistral, mística del futuro." Ciencia y Cultura 2.7 (1957): 135-48.

Ríos de Lampérez, B. de los. "Gabriela Mistral entre nosotros." Raza Española 6 (1924): 47-55.

Ríos Espejo, Rebeca. "La sintaxis en la expresión poética de Gabriela Mistral." Boletín del Instituto de Filología de la Universidad de Chile 9 (1958): 121-76.

Rodríguez, Mario. "El lenguaje del cuerpo en la poesía de la Mistral." Revista Chilena de Literatura 23 (1984): 115-28.

Rodríguez Embil, L. "Los silencios de Gabriela Mistral." Revista Cubana 11 (1938): 221-24.

Rodríguez Pagán, Juan Antonio. Gabriela Mistral, voz de la América hispánica. Río Piedras, P.R.: Editorial San Juan, 1973.

Rojas, Gonzalo. "Relectura de la Mistral." Cuadernos Hispanoamericanos 417 (1985): 77-83.

Rojas Molina, Armando. Semblanza de Gabriela Mistral. Santiago de Chile, 1959.

Rosenbaum, Sidonia. "Criollismo y casticismo en Gabriela Mistral." Cuadernos Americanos 12.67 (1953): 296-300.

Rossel, Milton. "Tránsito de Gabriela Mistral." Atenea 29.322: 30-43.

Rubilar Saldías, Guillermo. Gabriela, maestra y poetisa rediviva. Santiago de Chile: Ediciones J. Firula, 1972.

Rudd, Margaret T. Gabriela: The Chilean Years. Alabama: U. of Alabama Press, 1968.

Saavedra Molina, Julio. "Gabriela Mistral: Vida y obra." Anales de la Universidad de Chile año 104 4ta. serie 63-64 (1946): 23-104.

Sabella, Andrés. "Carabelas y poetas." Nueva Revista del Pacífico 7-8 (1977): 100-103.

Samatán, Marta Elena. Gabriela Mistral, campesina del valle de Elqui. Buenos Aires: Amigos del Libro Argentino, 1969.

Sánchez, Luis Alberto. "Gabriela Mistral." Asomante 12.2 (1956): 39-47.

___. "Un ser y una voz inconfundibles." Cuadernos del Congreso por la Libertad de la Cultura 23 (1957): 20-24.

___. "El existencialismo cristiano de Gabriela Mistral." La Nueva Democracia 37.3 (1957): 42-49.

Sánchez-Castañer, Francisco. "Leyendo a Gabriela Mistral." Revista de Estudios Hispánicos 2 (1968): 3-34.

___. "Lo religioso en Gabriela Mistral." Abside 30.4 (1966): 317-36, 398-414.

___. "Tiempo, muerte y eternidad en la poesía de Gabriela Mistral." Norte 8.2-3 (1967): 59-65.

Santandreu Russo, Cora. "Aspectos del estilo en la poesía de Gabriela Mistral." Anales de la Universidad de Chile 106 (1958): 125-75.

___. "La consociación en Gabriela Mistral." Anales de la Facultad de Filosofía y Educación 1.2-3 (1936): 57-61.

Santos Chocano, José. "Noble gesto de Gabriela Mistral." Cultura Venezolana 29 (1926): 83-87.

Scarpa, R.E. "Gabriela Mistral y la soledad." Andean Quarterly (1944): 43-47.

Schultz de Mantovani, Fryda. "Imagen de Gabriela Mistral." Revista de la Universidad de Buenos Aires 2.1 (1957): 26-40.

___. El mundo poético infantil. Buenos Aires. Edición El Ateneo, 1946.

___. "Presencia del niño en la poesía de Gabriela Mistral." Nueva Era 19 (1950): 166-77.

Sedgwick, Ruth. "Gabriela Mistral's Elqui Valley." Hispania 35.3 (1952): 310-14.

Serra, Edeliveis. "La poesía de soledad de Gabriela Mistral." Poesía Hispanoamericana. Santa Fe, Argentina: Instituto de Literatura Hispánica, 1964. 187-217.

Silva, Hernán. "La unidad poética de 'Desolación.'" Estudios Filológicos 4 (1968): 152-75; 5 (1969): 170-96.

Silva Cabrera, Lautaro. Vida y obra de Gabriela Mistral. Santiago de Chile: Editorial Andina, 1967.

Silva Castro, Raúl, "Algunos aspectos de la poesía de Gabriela Mistral." La Nueva Democracia 5.9 (1923): 8-9, 30.

___. Estudios sobre Gabriela Mistral, precedidos de una biografía. Santiago de Chile: Editorial Zig-Zag, 1935.

___. "Gabriela Mistral." Retratos Literarios. Santiago de Chile: Ercilla, 1932. 151-62.

___. "Notas sobre los 'Sonetos de la muerte.'" Hispanic Review 33 (1965): 57-62.

Sobrino Porto, Leonidas. Dios en la poesía de Gabriela Mistral. Río de Janeiro, 1957.

Soto Ayala, L. Carlos. Literatura Coquimbana. Santiago de Chile: Francia, 1908. 100-18.

Suárez Calimano, E. "'Desolación.'" Nosotros 44 (1923): 496-503.

Suárez de Artieda, Matilde. Gabriela Mistral. Ensayo. Quito: Ediciones Surcos, 1957.

Subercaseaux S., Bernardo. "Gabriela Mistral: Espiritualismo y canciones de cuna." Cuadernos Americanos año 35 205.2 (1976): 208-25.

Tamaso Vargas, Augusto. "Tres premios Nobel hispanoamericanos." Sin Nombre 3.1 (1972): 59-71.

Taylor, Martin Charles. Gabriela Mistral's Religious Sensibility. Berkeley: U. of California Press, 1968.

___. "Parálisis y progreso en la crítica mistraliana." El ensayo y la crítica literaria en Iberoamérica. Memoria del XIV Congreso Internacional de Literatura Iberoamericano. Kurt L. Levy and Keith Ellis, Eds. Toronto: U. of Toronto, 1970. 185-90.

___. Sensibilidad religiosa de Gabriela Mistral. Madrid: Editorial Gredos, 1975.

Torre, Guillermo de. "Aproximaciones de 'Tala.'" Sur 8.45 (1938): 70-75.

Torres Ríoseco, Arturo. "Concepto de nueva poesía." La Nueva Democracia 27.2 (1947): 24-28.

___. "Gabriela Mistral." Anales de la Universidad de Chile año 120 125 (1962): 65-73.

___. Gabriela Mistral: Una profunda amistad, un dulce recuerdo. Valencia: Castalia, 1962.

Undarraga, Antonio de. "Fueron doce los sonetos de la muerte." Atenea 110 (1953): 379-85.

Valbuena Briones, Angel. "El verso quemante de Gabriela Mistral." Literatura Hispanoamericana. Barcelona: Gustavo Gili, 1969. 414-24.

Valenzuela, Víctor. "Pablo Neruda and Gabriela Mistral: Two Chilean Poets." Latin American Notes and Essays. New York: Las Américas Publishing Co., 1965. 81-97.

Valéry, Paul. "Gabriela Mistral." Atenea 269-270 (1947): 313-22.

Valle, Carmen. "Gabriela y su palabra de dolor." Política y Espíritu 173 (1957): 12-13.

Valle, R. del. "Gabriela Mistral: Glosas sobre el alma de su vida y de su verso." La Nación June 18, 1933.

Varela, Lorenzo. "Las astillas olorosas de 'Tala.'" Taller 5 (1939): 60-63.

Vargas Saavedra, Luis. "Comparación entre dos versiones del poema 'La lámpara.'" Mapocho 13 (1966): 256-460.

___. "Hispanismo y antihispanismo en Gabriela Mistral." Mapocho 22 (1970)· 5-24.

___. "Obra inédita de Gabriela Mistral: 'Lagar', II." Diss. Madrid: Universidad de Madrid, 1966.

Vasconcelos, José. "Homenaje a Gabriela Mistral." Revista Iberoamericana 10.20 (1946): 221-27.

Vega, Daniel de la. "'Desolación' de Gabriela Mistral." La Nación June 24, 1923.

Veloso, Agostinho. "Da poesia de hoje à poesia de sempre." Brotéria 64.6 (1957): 626-42.

Vergara, Sergio. "Lectura de 'La copa' de Gabriela Mistral: Acerca de la poesía del conflicto." Estudios Filológicos 20 (1985): 69-82.

Vicanco, Luis F. "Gabriela Mistral, nada más que en su palabra." Cuadernos Hispanoamericanos 50 (1954): 227-32.

Vidaurreta Casanova, Antonio J. "Gabriela Mistral, maestra y poetisa." Cinco poetas de Indo-américa. Santa Clara: Ediciones Culturales Publiciad, 1952. 49-72.

Villegas, Juan. "La aventura mítica en 'La flor del aire' de Gabriela Mistral." Revista Iberoamericana 95 (1976): 217-32.

___ "'Balada' o mitificación de la anécdota amorosa en Gabriela Mistral." Revista Chilena de Literatura 7 (1976): 37-45.

Villegas Morales, Juan. "El estado como mecenas: El caso de Gabriela Mistral." Estudios sobre poesía chilena. Santiago de Chile: Nascimento, 1980. 95-104.

Virgillo, Carmelo. "Feminine symbolism in Gabriela Mistral's 'Fruta.'" Latin American Women Writers: Yesterday and Today. Yvette E. Miller and Charles M. Tatrum, Eds. Pittsburgh: Latin American Literary Review, 1977. 115-26.

___. "Woman as Metaphorical System: An Analysis of Gabriela Mistral's 'Fruta.'" Woman as Myth and Metaphor in Latin American Literature. Carmelo Virgillo and Naomi Lindstrom, Eds. Columbia: U. of Missouri Press, 1985. 137-50.

Vitier, Cynthia. La voz de Gabriela Mistral. Santa Clara, Cuba: Publicación de la Dirección de Extensión Cultural, 1957.

Wais, Kurt. Zwei Dichter Suedamerikas: Gabriela Mistral Und Rómulo Gallegos. Berlin: Luchterhand, 1955.

Xammar, Luis F. "La noble figura lírica de Gabriela Mistral." Letras 11.32 (1945): 326-39.

Ximénez de Sandoval, Felipe. "Tres poetisas americanas." Boletín de la Biblioteca Menéndez Pelayo 42 (1966): 305-85.

Zamorano Baier, Antonio. "Gabriela Mistral y la crítica." Atenea 23.248 (1946): 183-99.

Zardoya, Concha. "Desde 'Desolación' a 'Lagar.'" Revista Hispánica Moderna 22 (1956): 137-38.

___. "La poesía de Gabriela Mistral." Indice de Artes y Letras 113 (1958): 9-11.

Zum Felde, Alberto. "Gabriela Mistral, premio Nobel." Revista Nacional 8.90 (1945): 338-43.

PROSE

Agosín, Marjorie. "Prosas inéditas de Gabriela Mistral." Los ensayistas 5.8-9 (1980): 149-51.

Alegría, Fernando. "Notes Toward a Definition of Gabriela Mistral's Ideology." Women in Hispanic Literature: Icons and Fallen Idols. Beth Miller, Ed. Berkeley: U. of California Press, 1983. 215-26.

Arrigoitía, Luis de. "Pensamiento y forma en la prosa de Gabriela Mistral." Diss. Madrid: Universidad Central de Madrid.

Baralis, Marta. "Necesidad de estudios y valorizar la prosa de Gabriela Mistral." Filología 12 (1966-67): 193-201.

Barrios, Eduardo. "El primer libro de Gabriela Mistral." Anales de la Universidad de Chile 115.106 (1957): 26-30.

Escuerdo, Alfonso M. La prosa de Gabriela Mistral. Fechas de contribución a su inventario. Santiago de Chile, 1950.

Figueira, Gastón. "Páginas desconocidas u olvidadas de Gabriela Mistral." Revista Interamericana de Bibliografía 20.2 (1970): 139-56.

Gazarian-Gautier, Marie-Lise. Vida y personalidad de Gabriela Mistral. México: Fondo de Cultura Económica, 1971.

Homenaje a Gabriela Mistral. Santiago de Chile: Anales de la Universidad de Chile, 1957.

Huebner, Manuel Eduardo. "En torno a la prosa de Gabriela Mistral." La Nación November 9, 1957.

Johnson, Harvey L. "Gabriela Mistral's Affiliation in the U.S. Ensayistas 10-11 (1981): 79-93.

Loveluck, Juan. "Estirpe martiana de la prosa de Gabriela Mistral." Revista Nacional de Cultura 46.254 (1984): 86-96.

Vargas Saavedra, Luis, Ed. Prosa religiosa de Gabriela Mistral. Santiago de Chile: Bello, 1978.

Wijdeveld, Gerard. "Gabriela Mistral." Gedichten Proza. Hasselt, The Netherlands: Uitgenery Heideland, 1962. 351-64.

MONVEL, María

POETRY

García Ordini, Fernando. "María Monvel." Doce escritores. Santiago de Chile: Nascimento, 1929. 75-81.

Cecl, María Carolina. "María Monvel." Siete escritoras chilenas. Santiago de Chile: Rapa Nui, 1940. 87-94.

Sabás, Alomá, Mari-Blanca. Monvel, Donoso y Cía. Habana: Diario de la Marina, 1930.

MORENO, Gloria

DRAMA

Jones, Willis Knapp. "New Life in Chile's Theatre." Modern Drama 2.1 (1959): 57-62.

"Notaricio de Ulyses." Atenea 450 (1984): 159-63.

OSSANDON, Francisca

POETRY

"Notaricio de Ulyses." Atenea 450 (1984): 159-63.

PARRA, Violeta

POETRY

Alegría, Fernando. "Violeta Parra." Retratos Contemporáneos. New York: Harcourt, Brace, Jovanovich, 1949. 165-68.

Argüedas, José María. "Análisis de un genio popular hacen artistas y escritores." Revista de Educación 13 (1968): 66-76.

Cánepa-Hurtado, Gina. "La canción de lucha en Violeta Parra y su ubicación en el complejo cultural chileno entre los años 1960 a 1973: Esbozo de sus antecedentes socio-históricos y categorización de los fenómenos culturales atingentes." Revista de Crítica Literaria Latinoamericana 9.17 (1983): 147-70.

Epple, Juan Armando. "La historia como ficción: Una especie de memoria." Cuadernos Americanos 264.1 (1986): 130-40.

___. "Violeta Parra y la cultura popular chilena." Literatura Chilena en el Exilio 1.2 (1977): 4-11.

Lindstrom, Naomi. "Construción folklórica y desconstrucción individual en un texto de Violeta Parra." Literatura Chilena, Creación y Crítica 9.33-34 (1985): 56-60.

Manns, Patricio. Violeta Parra. Madrid: Ediciones Júcar, 1978.

PETIT, Magdalena

NOVEL

Agosín, Marjorie. "Una bruja novelada: La 'Quintrala' de Magdalena Petit." Chasqui 12.1 (1982): 3-13.

PINCHEIRA DE SILVA, Dolores

POETRY

Villegas-Morales, Juan. "Poesía femenina y valor literario." Estudios sobre poesía chilena. Santiago de Chile: Nascimento, 1980. 82-94.

REQUENA, María Asunción

DRAMA

Eidelberg, Nora. "'Ayayema' de María Asunción Requena." Teatro experiemental hispanoamericano 1960-1980. La realidad social como manipulación. Minneapolis: Institute for the Study of Ideologies and Literature, 1985. 147-51.

Jones, Willis Knapp. "Chile's Dramatic Renaissance." Hispania 44.1 (1961): 89-94.

___. "New Life in Chile's Theatre." Modern Drama 2.1 (1959): 57-62.

ROEPKE, Gabriela

DRAMA

Dávila, David. "The Life and Theater of Gabriela Roepke." Diss. Cincinnati: U. of Cincinnati, 1973.

Ehrmann, Hans. "Theatre in Chile: A Middle-class Conundrum." The Drama Review (1970): 77-86.

Jones, Willis Knapp. "Chile's Dramatic Renaissance." Hispania 44.1 (1961): 89-94.

SERRANA, Elisa

NOVEL

Trujillo, Virginia Delam. "The Female Problematic as Reflected in Novels of Three Chilean Women Writers in the Generation of 1950." Diss. Irving: U. of California, 1983. DAI 44, 1984, 2482 A.

Welles, Marcia L. "El casamiento engañoso: Marriage in the Novels of María Luisa Bombal, Silvina Bullrich, and Elisa Serrana." Female Studies 9 (1975): 121-30.

TEITELBOIM, Volodia

NOVEL

Otero, Marcela. "La guerra interna de Volodia Teitelboim." Casa de las Américas 21.122 (1980): 116-20.

VALDIVIESO, Mercedes

NOVEL

Guerra-Cunningham, Lucía. "Feminismo y subversión en 'La Brecha' de Mercedes Valdivieso." Literatura Chilena, Creación y Crítica 21 (1982): 5-9.

Trujillo, Virginia Delam. "The Female Problematic as Reflected in Novels of Three Chilean Women Writers in the Generation of 1950." Diss. Irving: U. of California, 1983. DAI 44, 1984, 2482 A.

VIANA, Luz de.

GENERAL

Geel, María Carolina. "Luz de Viana." Siete escritoras chilenas. Santiago de Chile: Rapa Nui, 1940. 111-20.

VILLARROEL, Dinka de

DRAMA

Jones, Willis Knapp. "New Life in Chile's Theatre." Modern Drama 2.1 (1959): 57-62.

YAÑEZ, María Flora

GENERAL

Cannizzo, Mary J. "Feminism in the works of María Flora Yáñez." Letras Femeninas 6.2 (1980): 17-29.

NOVEL

Silva Castro, Raúl. "María Flora Yáñez y sus novelas de la vida espiritual." Historia crítica de la novela chilena 1843-1956. Madrid: Ediciones Cultura Hispánica, 1960. 283-87.

CHAPTER FOUR

COLOMBIA

ANGEL, Albalucía

NOVEL

Araújo, Helena. "Ejemplos de la 'niña impura' en Silvina Ocampo y Albalucía Angel." Hispamérica 13.38 (1984): 27-35.

Angel, Albalucía. "Una autobiografía a vuelo de pájaro." Revista Iberoamericana 51.132-33 (1985): 453-56.

Filer, Malva E. "Autorrescate e invención en 'Las andariegas' de Albalucía Angel." Revista Iberoamericana 51.132-33 (1985): 649-55.

Mora, Gabriela. "El bildungsroman y la experiencia latinoamericana: 'La pájara pinta' de Albalucía Angel." La sartén por el mango. Patricia Elena González y Eliana Ortega, Eds. Río Piedras: Huracán, 1985. 71-81.

___. "Lectura de Albalucía Angel." Hispamérica 9.21 (1980): 109-12.

Ugalde, Sharon Keefe. "Between 'In Longer' and 'Not Yet': Woman's space in 'Misiá señora.'" Revista de Estudios Colombianos 1 (1986): 23-28.

___. "¿El discurso femenino en 'Misiá señora': ¿Un lenguaje nuevo o acceso al lenguaje?" Discurso Literario 4.1 (1986): 117-26.

ARAUJO, Helena

SHORT STORY

Cobo Borda, J. G. "La 'M de las moscas' de Helena Araújo." La alegría de leer. Bogotá: Instituto Colombiano de Cultura, 1976. 155-58.

Marcos, Juan Manuel. "María Esther Vásquez, Helena Araújo y el canto del cisne." Plural 15.179 (1986): 16-20.

Echeverri Mejía, Oscar. "Emilia Ayarza: Una mujer continente." El Libro y el Pueblo 56 (1969): 28-30.

BUITRAGO, Fanny

NOVEL

Benítez Rojo, Antonio. "'Los panameños': Mito y realidad en el Caribe." Prismal/Cabral 7-8 (1982): 5-20.

SHORT STORY

Bedoya, Luis Iván. "Mitopoética de la cotidianidad femenina en los cuentos de Fanny Buitrago." Ensayos de Literatura Colombiana. Raymond L. Williams, Ed. Bogotá: Plaza y Janes, 1985. 183-90.

CASTELLANOS, Dora

POETRY

Rey, José Antonio León. "Dora Castellanos." Boletín de la Academia Colombiana 29.125 (1979): 201-205.

MEJIA DE GAVIRIA, Regina

DRAMA

Saldarriaga Vélez, Alberto. "'Calle tal, número tal' por Regina Mejía de Gaviria." Universidad de Antioquía 169 (1968): 919-26.

MUJICA, Elisa

GENERAL

Echeverri Mejía, Oscar. "Algunos libros de Elisa Mújica, nueva académica de la lengua." Boletín de la Academia Colombiana 32.136 (1982): 142-44.

Guzmán Esponda, Eduardo. "Acerca de la escritora Elisa Mújica." Boletín de la Academia Colombiana 32.136 (1982): 81-84.

"Posición de Doña Elisa Mújica como académica de número." Boletín de la Academia Colombiana 34.146 (1984): 318-23.

CHAPTER FIVE

ECUADOR

DELMAR, Meira

POETRY

Colecchia, Francesca. "The Human Landscape in the Poetry of Meira Delmar." Cuadernos de Aldeeu 1.2-3 (1983): 193-201.

ESPINEL, Ileana

POETRY

Luna, Violeta. "Ileana Espinel." La lírica ecuatoriana actual. Quito: Casa de la Cultura Ecuatoriana, 1973. 71-96.

ESTRADA Y AYALA, Aurora

POETRY

Coryle, Mary. "Tres mujeres máximas en la literatura nacional." Anales de la Universidad de Cuenca 8.2 (1952): 153-63.

IZA, Ana María

POETRY

Luna, Violeta. "Ana María Iza." La lírica ecuatoriana actual. Quito: Casa de la Cultura Ecuatoriana, 1973. 199-221.

LIZARZABURU, Martha

POETRY

Luna, Violeta. "Martha Lizarzaburu." La lírica ecuatoriana actual. Ecuador: Casa de la Cultura Ecuatoriana, 1973. 225-33.

YAÑEZ COSSIO, Alicia

GENERAL

Wolffsohn, Elisabeth. "Algunos aspectos del relato de Alicia Yánez Cossío." Situación del relato ecuatoriano. Tomo II: Nueve estudios. Manuel Corrales Pascual, Ed. Quito: Edición de la Universidad Católica, 1977. 333-80.

NOVEL

Handelsman, Michael H. "'Bruna, soroche y los tíos': An Ecuatorian Woman Writer's Contribution to Contemporary Feminist Fiction." Revista de Estudios Hispánicos 15.1 (1981): 35-42.

Yépez Pazos, Félix. "Alicia Yáñez Cossío. 'Bruna, soroche y los tíos.'" Escritores contemporáneos del Ecuador. Quito: Casa de la Cultura Ecuatoriana, 1975. 109-12.

CHAPTER SIX

PARAGUAY

PLA, Josefina

GENERAL

Rodríguez Alcalá de Gonzáles Oddone, Beatriz. "Josefina Plá." Evaluación de la literatura femenina de latinomérica. vol.2. Juana Alcira Arancibia, Ed. San José, Uruguay: Instituto Literatura y Cultural Hispánico, 1987. 151-55.

DRAMA

Hazera, Lydia D. "Sigma y mensaje de 'Historia de un número' de Josefina Plá." Explicación de Textos Literarios 15.1 (1986-87): 59-64.

Jones, Willis Knapp. "Paraguayan Drama." Behind Spanish American Footlights. Austin: U. of Texas Press, 1966. 38-41.

Roses, Lorraine. "La expresión dramática de la incorformidad social en cuatro dramaturgas hispanoamericanas." Playa: Literatura y Crítica 5-6 (1981-82): 97-114.

POETRY

Roa Bastos, Augusto. "La poesía de Josefina Plá." Revista Hispánica Moderna 32 (1966): 56-61.

Rodríguez-Alcalá, Hugo. "Josefina Plá, española de América y la poesía." Cuadernos Americanos 159.4 (1968): 73-101.

___. "Josefina Plá y la poesía." Papeles de Son Armadans 58 (1970): 19-64.

___. "El vanguardismo en el Paraguay." Revista Iberoamericana 118-19 (1982): 241-55.

CHAPTER SEVEN

PERU

ARCINIEGA, Rosa

NOVEL

Bermejo, Vladimiro. "Una novelista peruana, Rosa Arciniega." Revista de la Universidad de Arequipa 1st. trimester (1934): 52-67.

Núñez, Estuardo. "Una novelista de América." La Nueva Democracia 39.3 (1959): 28-32.

BUSTAMANTE, Cecilia

POETRY

Ahern, Maureen. "'En el envés inasible': Los códigos de la niñez y la magia en 'El nombre de las cosas' de Cecilia Bustamante." Cuadernos Hispanoamericanos 417 (1985): 182-90.

Layera, Ramón. "Alquía verbal y existencial en la poesía de Cecilia Bustamante." Revista Iberoaméricana 46.112-13 (1980): 571-77.

CABELLO DE CARBONERA, Mercedes

NOVEL

Castro Arenas, Mario. "Mercedes Cabello de Carbonera y el naturalismo." La novela peruana y la evolución social. Lima: Cultura y Libertad, 1965. 84-104.

Fox-Lockert, Lucía. "Mercedes Cabello de Carbonera." Women Novelists in Spain and Spanish America. Metuchen, N.J.: Scarecrow Press, 1979. 147-54.

Miller, John C. "Clorinda Matto de Turner and Mercedes Cabello de Carbonera: Societal criticism and morality." Latin American Women Writers: Yesterday and Today. Yvette E. Miller and Charles M. Tatum, Eds. Pittsburgh: Latin American Literary Review, 1977. 25-32.

Saver, Laura Judith. "Un análisis de la influencia filosófica de Manuel González Prada en Clorinda Matto y Mercedes Cabello." Diss. 1984. DAI 46, 1985, 436 A.

Tamayo Vargas, Augusto. Perú en trance de novela (ensayo crítico-biográfico sobre Mercedes Cabello de Carbonera). Lima: Ed. Baluarte, 1940.

Tauro, Alberto. "Mercedes Cabello de Carbonera." Elementos de literatura peruana. Lima: Palabra, 1946. 153-55.

COLMENARES, Delia

POETRY

Núñez y Domínguez, José. "La producción literaria femenina hispanoamericana." Raza. Revista Hispánica 14.151-52 (1928): 28-30.

FOX-LOCKERT, Lucía

DRAMA

Agosín, Marjorie. "Lucía Fox: 'Ayer es nunca jamás.'" Revista Iberoamericana 48.120-21 (1982): 743-44.

Werner, Flora M. "Introducción a la obra dramática de Lucía Fox." Letras Femeninas 5.1 (1979): 103-12.

POETRY

Elissondo, Guillermina. "Lucía Fox." Concerning Poetry 17.2 (1984): 177-79.

HELFGOTT, Sarina

DRAMA

Roses, Lorraine. "La expresión dramática de la inconformidad social en cuatro dramaturgas hispanoamericanas." Plaza. Literatura y Crítica 5-6 (1981-82): 97-114.

JOFFRE, Sara

DRAMA

Eidelberg, Nora. "'Una guerra que se pelea' de Sara Joffre." Teatro experimental hispanoamericano 1960-1980. La realidad social como manipulación. Minneapolis: Institue for the Study of Ideologies and Literature, 1985. 171-74.

Morris, Robert J. "La dramaturgia de Sara Joffre." Letras Femeninas 5.1 (1979): 41-50.

___. "The Reality of Renewal, Part II." The Contemporary Peruvian Theatre. Lubbock, Texas: Texas Tech Press, 1977. 60-69.

MATTO DE TURNER, Clorinda

GENERAL

Carrillo, Francisco. Clorinda Matto de Turner y su indigenismo literario. Lima: Ediciones de la Biblioteca Universitaria, 1967.

Cuadros Escabedo, Manuel E. Paisaje y obra, mujer e historia: Clorinda Matto de Turner. Cuzco: Editorial H.O. Rozas Sucesores, 1949.

Crouse, Ruth Campton. "Clorinda Matto de Turner: An Analysis of her Role in Peruvian Literature." Diss. Tallahassee: Florida State U., 1964. DAI 25, 1965, 5272-73 A.

De Mello, George. "The Writings of Clorinda Matto de Turner." Denver: U. of Colorado, 1968. DAI 29, 1969, 1225 A.

Lemoine, Joaquín de. Clorinda Matto de Turner. Lima: B. Gil, 1887.

Miller, John C. "Clorinda Matto de Turner and Mercedes Cabello de Carbonera: Societal Criticism and Morality." Latin American Women Writers: Yesterday and Today. Yvette E. Miller and Charles M. Tatum, Eds. Pittsburgh, Latin American Literary Review, 1977. 25-32.

Sosa, Francisco. "Clorinda Matto de Turner." Escritores y poetas sudamericanos. México: Oficina Tipográfica de la Secretaria de Fomento, 1980. 181-205.

Tamayo Vargas, Augusto. "Guía para un estudio de Clorinda Matto. Lima: Colección Turismo, 1945.

Tauro, Alberto. "Clorinda Matto de Turner." Elementos de literatura peruana. Lima: Palabra, 1946. 155-58.

Yépez Miranda, Alfredo. Signos del Cuzco. Lima: Miranda, 1946. 35-52.

DRAMA

'Hima Sumac', drama de Clorinda Matto de Turner. Lima: Universidad de San Marco, 1953.

Ugarte Chamarro, Guillermo. "'Hima Sumac', drama de Clorinda Matto de Turner." Estudios de Teatro Peruano 4.1 (1959): 1-3.

NOVEL

Brushwood, John S. "The Popular-Ethnic Sensitivity. Clorinda Matto de Turner's 'Aves sin nido.'" Genteel Barbarism. Lincoln: U. of Nebraska Press, 1981. 139-57.

Castro Arenas, Mario. "Clorinda Matto de Turner y la novela indigenista." La novela peruana y la evolución social. Lima: Cultura y Libertad, 1965. 105-12.

Cometta Manzoni, Aida. El indio en la novela de América. Buenos Aires: Editorial Futuro, 1960.

Cornejo Polar, Antonio. "'Aves sin nido': Indios notables y forasteros." La novela peruana. Lima: Horizonte, 1977. 7-32.

___. "Clorinda Matto de Turner: Para una imagen de la novela peruana del siglo XIX." Escritura 3 (1977): 91-107.

___. "La novela indigenista: Un género contradictorio." Texto Crítico 14 (1979): 58-70.

Dessau, A. "La literatura peruana y la emancipación social en la segunda mitad del siglo XIX." Congreso Internacional de Literatura Iberoamericana XV. Lima: Literatura de la Emancipación Hispano-americana, 1971. 85-90.

Fox-Lockert, Lucía. "Clorinda Matto de Turner." Women Novelists in Spain and Spanish America. Metuchen, N.J.: Scarecrow Press, 1979. 137-46.

Goodrich, Diane Ruth. "Peruvian Novels of the Nineteenth Century." Diss. Bloomington: Indiana U., 1966. DAI 27, 1967, 2151 A.

Mattrella, Anne Laura. "A Computer Based Analysis of Three Latin American Novels Related to the Theme of the Indian." Diss. Washington D.C.: The Catholic U. of America, 1985. DAI 46, 1985, 1292 A.

McIntosh, C.B. "'Aves sin nido' and the Beginning of Indianismo." Diss. Charlottesville: U. of Virginia, 1932.

Meléndez, Concha. "'Aves sin nido' por Clorinda Matto de Turner." La novela indianista en hispanoamérica, 1832-1889. 2da. Ed. Río Piedras, P.R.: Universidad de Puerto Rico, 1961. 177-84.

Nieto, Luis Carlos. Clorinda Matto de Turner. Curriculum Vitae en 'Aves sin nido.' Cuzco: Editorial H.G. Rozas, 1958.

Pérez, Galo René. "La novela indigenista hispanoamericana." Revista Interamericana de Bibliografía 23.3 (1973): 302-18.

Rodríguez Luis, Julio. Hermeneútica y praxis del indigenismo. La novela indigenista de Clorinda Matto a José María Argüedas. México: Fondo de Cultura Económica, 1980.

Salgués Cargill, Maruxa. "La mujer en la prosa narrativa del realismo/naturalismo." La imagen de la mujer en las letras hispanoamericanas. Jaén, Spain: Gráficas Nova, 1975. 43-51.

Satake, Kenichi. "El mundo privado de Clorinda Matto de Turner en 'Herencia.'" Revista de Estudios Hispánicos 22.2 (1986): 21-37.

Saver, Laura Judith. "Un análisis de la influencia filosófica de Manual González Prada en Clorinda Matto y Mercedes Cabello." DAI 46, 1985, 436 A.

Suárez-Torres, J. David. "Clorinda Matto de Turner." Américas 31.8 (1979): 28-32.

Swain, Joyce R. "An Analysis of 'Aves sin nido.'" Neohelicon 2.1-2 (1974): 217-25.

Tamayo Vargas, Augusto. "Clorinda Matto y las veladas literarias del siglo XIX." La mujer peruana 1 (1953): 21-23.

___. "Persistencia del indigenismo en la narrativa peruana." Cuadernos Hispanoamericanos 350 (1979): 367-77.

Tapia Olarte, Eulogio. "Clorinda Matto de Turner." Cinco grandes escritores cuzqueños. Cuzco: Miranda, 1946. 42-51.

Tarroux, Christine. "Espaces et projets de société dans 'Aves sin nido' de Clorinda Matto de Turner." Imprevue 1 (1985).

Tauro, Alberto. "Antecedentes y filiación de la novela indianista." Mar del Sur 2 (1948): 29-40.

___. Clorinda Matto de Turner y la novela indigenista. Lima: Universidad Nacional Mayor de San Marco, 1976.

Valenzuela, Víctor M. "Clorinda Matto de Turner : 'Aves sin nido.'" Grandes escritores hispanoamericanos. Bethlehem, P.A.: Lehigh Univerity, 1974. 71-82.

Yépez Miranda, Alfredo. Clorinda Matto de Turner en 'Aves sin nido.' Cuzco: Universidad Nacional del Cuzco, 1948.

SHORT STORY

Campbell, Margaret V. "The 'Tradiciones cuzqueñas' of Clorinda Matto de Turner." Hispania 42 (1959): 492-97.

Paredes, Luis Felipe. "Tradiciones cuzqueñas." Revista del Instituto Americano de Arte. 1.3 (1944): 7-9.

Tord, Luis Enrique. El indio en los ensayistas peruanos (1848-1948). Lima: Editoriales Unidas, 1978.

PALMA Y RAMON, Angélica

GENERAL

Angélica Palma. Lima: Sociedad Amigos de Palma, 1937.

Warren, Virgil A. "Angélica Palma y Ramón (1883-1935)." Hispania 22 (1939): 295-302.

NOVEL

Posadas, Rosa Margarita. Las novelas de Angélica Palma, estudio crítico-biográfico. Lima: La Prensa, 1943.

PORTAL, Magda

GENERAL

Onrubia, Salvadora Medina, Ed. Magda Portal, su vida y su obra. Buenos Aires: Editorial Claridad, 1935.

Reedy, Daniel R. "Aspects of the Feminist Movement in Peruvian Letters and Politics." <u>Secolas Annals</u> 6 (1975): 53-64.

NOVEL

Reedy, Daniel R. "'La trampa.' Génesis de una novela política." <u>Texto, contexto en la literatura iberoamericana.</u> Keith McDuffie and Alfredo Roggiano, Eds. Madrid: Artes Gráficas Benzal, 1980. 299-306.

POETRY

Mariátegui, José Carlos. <u>Seven Interpretive Essays on Peruvian Reality.</u> Austin: U. of Texas Press, 1971. 263-68.

Reedy, Daniel R. "Magda Portal: Peru's Voice of Social Protest." <u>Revista de Estudios Hispánicos</u> 4.1 (1970): 85-97.

PORTOCARRERO, Elena

DRAMA

Morris, Robert J. "The Reality of Renewal Part I." <u>The Contemporary Peruvian Theatre.</u> Lubbock: Texas Tech Press, 1977. 44-59.

RIESCO, Laura

NOVEL

Rodríguez-Peralta, Phyllis. "Narrative Access to a Feminine Childhood World: A New Peruvian Novel." <u>Latin American Literary Review</u> 9.17 (1980): 1-8.

SAKS, Katia

NOVEL

Jaquette, Jane S. "Literary Archetypes and Female Role Alternatives: The Women and the Novel in Latin America." <u>Female and Male in Latin American Essays.</u> Ann Pescatello, Ed. Pittsburgh: U. of Pittsburgh Press, 1973. 3-27.

VARELA, Blanca

POETRY

Gardiner, Elaine Penkethman. "Translations of Selected Poems by Ten Contemporary French and Spanish Women Poets, with a Critical Introduction." Diss. Athens: Ohio U., 1975. DAI 36, 1976, 6672-73 A.

Oviedo, José Miguel. "Blanca Varela, o la persistencia de la memoria." Diálogos 15.89 (1979): 15-20.

CHAPTER EIGHT

URUGUAY

AGUSTINI, Delmira

POETRY

Alvar, Manuel. "La poesía de Delmira Agustini." Estudios Americanos 7 (1954): 667-90.

Barbagelata, Hugo D. and Ventura García Calderón. "La literatura uruguaya." Revue Hispanique 40 (1917): 415-542.

Berenguer, Amanda. "La paradoja de lo literario en Delmira Agustini." Alcor 31 (1964): 2.

Bollo, Sarah. "La crítica uruguaya del novecientos y el modernismo." El modernismo en el Uruguay. Montevideo, 1951.

___. "Delmira Agustini." Revista Nacional 79 (1944): 107-14.

___. Delmira Agustini: Espíritu de su obra y su significación. Montevideo: Cordón, 1963.

Bonado Amigo, Roberto. Delmira Agustini en la vida y en la poesía. Montevideo: Librería Técnica, 1964.

___. "En torno al modernismo literario. Delmira Agustini replica a Rubén Darío." Revista Nacional año 2 194 (1957): 557-70.

Bula Pérez, Roberto. Delmira Agustini. Montevideo, 1964.

Cabrera, Sarandy. "Las poetisas del 900." Número 6-8 (1950): 162-86.

Carden, Poe. "Parnassianism, Symbolism, Decadentism and Spanish American Modernism." Hispania 43 (1960): 545-55.

Carrera, J. "Delmira Agustini." El Espectador Habanero 7 (1936): 14-15.

Casal, Julio. Exposición de la poesía uruguaya desde sus orígenes hasta 1940. Buenos Aires: Claridad, 1940.

Cordero y León, Rigoberto. "Tres poetisas uruguayas." Cuadernos del Guayas 6.10 (1955): 5-7.

Diez Canedo, Enrique. "Dos poetisas del Uruguay." Nosotros 43 (1923): 418-29.

East, Linda Kay Davis. "The Imaginary Voyage: Evolution of the Poetry of Delmira Agustini." Diss. Palo Alto: Stanford U., 1981. DAI 41, 1981, 4728 A-4729 A.

Englekirk, John Eugene. "The Status of Research in Contemporary Spanish American Literature." Hispania 35 (1952): 274-82.

Figueroa, Esperanza. "El cisne modernista." Cuadernos Americanos 142 (1965): 253-68.

Esténger, Rafael A. "Delmira Agustini: Su vida y su obra." Cuba Contemporánea 36 (1924): 126-31.

Fernández Ríos, Ovidio. "Delmira Agustini." Palabra Americana (1944): 17-20.

Fox-Lockert, Lucía. "Amorous Fantasies." Américas 39.1 (1978): 38-41.

Gatell, Angelina. "Delmira Agustini y Alfonsina Storni: Dos destinos trágicos." Cuadernos Hispanoamericanos 174 (1964): 583-94.

Gay Calbo, E. "Delmira Agustini. Las mejores poesías (líricas) de los mejores poetas." Cuba Contemporánea 32 (1923): 74-75.

Giot de Badet, André. "Delmira Agustini." Revue Mondiale August 1, 1931: 256-64.

Henríquez Ureña, Max. "Las influencias francesas en la poesía hispanoamericana." Revista Iberoamericana 2.4 (1940): 401-17.

Hulse, Camil Van. "Delmira Agustini." Books Abroad (1935): 14-16.

Ibáñez, Sara de. "Delmira Agustini." Revista Nacional (1945): 385-87.

Ipuche, Pedro Leandro. "Delmira Agustini (Bodas de plata fúnebres)." El yesquero del fantasma: Entretenimientos. Montevideo: Biblioteca de Cultura Uruguaya, 1943. 35-40.

Jehenson, Myriam Ivonne. "Delmira Agustini (1886-1914) y la tragedia." Repertorio Latinoamericano 10.60 (1984): 6-7.

Jozef, Bella. "A poesia de Delmira Agustini." Revista do Livro 4 (1959): 129-38.

Labarca, Eugenio. "Delmira Agustini." Atenea 27.110 (1934): 306-20.

Loynaz, Dulce María. "Poetisas de América." Anales de la Academia Nacional de Artes y Letras 34 (1951): 77-99.

Luisi, Luisa. "La poesía de Delmira Agustini." A través de libros y de autores. Buenos Aires: Nuestra América, 1925. 169-94.

Machado Bonet de Benvenuto, Ofelia. Delmira Agustini Montevideo: Ceibo, 1944.

Medina Vidal, Jorge. Delmira Agustini: Seis ensayos críticos. Montevideo: Editorial Ciencias, 1982.

Molloy, Sylvia. "Dos lecturas del cisne: Rubén Darío y Delmira Agustini." La sartén por el mango. Patricia Elena González y Eliana Ortega, Eds. Río Piedras, P.R.: Huracán, 1985. 57-69.

Moncada, Julio. "Notas para un estudio sobre la poesía uruguaya." Revista Iberoamericana 20 (1955): 275-90.

Monegal, Emir Rodríguez. Sexo y poesía en el 900 uruguayo. Montevideo. Alfa, 1969.

Montero Bustamante, Raúl. "Delmira Agustini." Revista Nacional 75 (1944): 385-89.

Olivencia Márquez, Roberto. "Delmira Agustini. Una mujer predestinada." Revista Nacional 132 (1949): 353-64.

Otero, José. "Delmira Agustini: ¿Erotismo poético o misticismo erótico?" In Honor of Boyd C. Carter: A Collection of Essays. Catherine Vera and George R. McMurray, Eds. Laramie: Department of Modern & Classical Languages, U. of Wyoming, 1981. 85-92.

Pedemonte, Hugo Emilio. "Delmira Agustini." Cuadernos Hispanoamericanos 137 (1961): 161-87.

___. "Vida y obra de Delmira Agustini." Revista Nacional de Cultura 23.142-43 (1960): 88-110.

Percas de Ponseti, Helena. "Reflexiones sobre la poesía femenina hispanoamericana." Revista/Review Interamericana 12.1 (1982): 49-55.

Plácido, A.D. Impresiones literarias. Montevideo: Ceibo, 1938. 48-76.

Rosenbaum, Sidonia Carmen. "Delmira Agustini y Albert Samain." Revista Iberoamericana 11 (1946): 273-78.

Salaverri, Vicente A. "Delmira Agustini." Cultura Venezolana 24 (1925): 319-31.

Santandreu Morales, Ema. "Delmira Agustini, ala y llama." Revista Iberoamericana 9.17 (1945): 45-59.

Seluja Cecín, Antonio. "La lírica femenina y el modernismo." El modernismo literario en el Río de la Plata. Montevideo: Sales, 1965. 129-33.

Silva, Clara. "Delmira y André Giot de Badet." Fuentes 1 (1961): 203-66.

———. Genio y figura de Delmira Agustini. Buenos Aires: Editorial Universitaria de Buenos Aires, 1968.

———. Pasión y gloria de Delmira Agustini: Su vida y su obra. Buenos Aires: Losada, 1972.

Simonet, Madeleine. "Delmira Agustini." Hispania 39.4 (1956): 397-402.

Stephens, Doris T. Delmira Agustini and the Quest for Transcendence. Montevideo: Ediciones Géminis, 1975.

Suiffet, Norma. "El misterio de Delmira Agustini." Revista Nacional 3 (1958): 576-98.

Taralli, Ricardo Dino. El amor en la poesía de Delmira Agustini. La Banda: Ediciones María Adela Agudo, 1966.

Titiev, Janice Geasler. "Delmira Agustini Before the Critics: A Poet in Purgatory." Letras Femeninas 6.2 (1980): 31-36.

Ugarte, Manuel. "Delmira Agustini." La dramática intimidad de una generación. Madrid: Prensa Española, 1951. 57-66.

———. "Delmira Agustini." Escritores iberoamericanos del 1900. México: Vértice, 1947. 67-80.

———. "El destino trágico de Delmira Agustini y Alfonsina Storni." Manizales (1947): 59-61.

Uribe Muñoz, Bernardo. "Delmira Agustini." Cuadernillo de Poesía año 36 145 (1961): 311-14.

Valenti, Jeannette G. "Delmira Agustini. A Reinterpretation of her Poetry." Diss. Ithaca: Cornell U., 1971. DAI 32, 1971, 460 A.

Vega, Antonio. "Delmira Agustini y su obra." La Revista Americana de Buenos Aires 63 (1936): 147-52.

Vela, Arqueles. Teoría literaria del modernismo. México: Botas, 1949. 153-202.

Villagrán Bustamante, Héctor. "Lírica femenina. María Eugenia Vaz Ferreira. Delmira Agustini. Juana de Ibarbourou." Revista Nacional 4 (1938): 130-39.

Visca, Arturo Sergio. La poesía de Delmira Agustini. Montevideo: Fundación de Cultura Universitaria, 1968.

Vitureira, Cipriano Santiago. "Delmira Agustini en el desarrollo de nuestro modernismo literario." Río de la Plata (1944): 12-13.

Zambrano, Daniel. "Presencia de Baudelaire en la poesía hispanoamericana: Darío Lugones, Delmira Agustini." Cuadernos Americanos 17.3 (1958): 217-35.

Zarrilli, Humberto. "Canto a Delmira." Revista Nacional 169 (1953): 55-58.

Zum Felde, Alberto. "Las poetisas." Crítica de la literatura uruguaya. Montevideo: Máximo García, 1921. 283-312.

BERENGUER, Amanda

POETRY

"Amanda Berenguer: A todo riesgo." Capítulo Oriental 32 (1968): 504-506.

Peden, Margaret Sayers. "A Note on a Transemantic Game." Translation Review 12 (1983): 20-22.

BOLLO, Sara

POETRY

Costabile de Amorín, Helena. La poesía de Sarah Bollo. Montevideo: Indice, 1983.

Garet Mas, Julio. "Sarah Bollo, poetisa de la muerte y el más allá." Revista Nacional 11 (1966): 114-21.

Gemma Marie de Cuca (Sister). "A Study of Sarah Bollo's 'Baladas.'" Hispania 49 (1966): 238-43.

Holmes, Henry A. "Algunas obras de Sarah Bollo, poetisa uruguaya." Revista Iberoamericana 8 (1944): 325-34.

BONAVITA, María Adela

POETRY

Ipuche, Pedro Leandro. "María Adela Bonavita en 'Conciencia del canto sufriente.'" El yesquero del fantasma: Entretenimientos. Montevideo: Biblioteca de Cultura Uruguaya, 1943. 29-33.

BRINDIS DE SALAS, Virginia

POETRY

Johnson, Lemuel A. "'Amo y espero': The Love Lyric, Virginia Brindis de Salas, and the African-American Experience of the New World." Afro-Hispanic Review 3.3 (1984): 19-29.

CACERES, Esther

POETRY

Ibarbourou, Juana de. "La poesía de Esther de Cáceres." Revista Nacional 4.201 (1959): 321-26.

Medina, Rosario Priscila. La poesía de Esther de Cáceres. Diss. Río Piedras: Universidad de Puerto Rico, 1968.

Rosario Fernández Alonso, María del. "Sor Juana Inés de la Cruz y Esther de Cáceres: Dos poetisas de religiosidad vivida y honda trascendencia en sus respectivos ámbitos socio-culturales." XVII Congreso Instituto Internacional de Literatura Iberoamericana: El barroco en América; Literatura hispanoamericana; Crítica histórico-literaria hispanoamericana. Madrid: Cultura Hispánica del Centro Iberoamericano de Cooperación; Centro Iberoamericano de Cooperación, Universidad Complutense de Madrid, 1978. 239-56.

GENTA, Estrella

POETRY

Cordero y León, Rigoberto. "Tres poetisas uruguayas." Cuadernos del Guayas 6.10 (1955): 5-7.

Martán Góngora, Helcías. "De Estrella Genta y otros poetas." Boletín Cultural y Bibliográfico 7 (1969): 60-64.

Suárez Calimano, E. "Poetas uruguayas." Nosotros 1 (1936): 560-65.

IBAÑEZ, Sara

POETRY

Correas de Zapata, Celia. "Two Poets of America: Juana de Asbaje and Sara de Ibáñez." Latin American Women Writers: Yesterday and Today. Pittsburgh Latin American Literary Review, 1977. 115-26.

Homenaje a Sara de Ibáñez. Montevideo: Fundación de Cultura Universitaria, 1971.

Paternaín, Alejandro. "La raíz del fuego (La imagen en Sara de Ibáñez)." Cuadernos Americanos 164 (1969): 242-61.

___. "Sara de Ibáñez: La esfera cerrada (notas para 'Canto póstumo.)" Cuadernos Americanos 184.5 (1972): 181-208.

Puentes de Oyenard, Silvia. "Un perfil femenino en la literatura uruguaya." Káñina 9.2 (1985): 43-50.

Suárez Rivero, Eliana. "La invención barroca en dos poemas de Sara de Ibáñez." XVII Congreso del Instituto Internacional de Literatura Iberoamericana: El barroco en América; Literatura hispanoamericana; Crítica histórico-literaria hispanoamericana. 3 v. Madrid: Cultura Hispánica del Centro Iberoamericano de Cooperación; Centro Iberoamericano de Cooperación, Universidad Complutense de Madrid, 1978. 597-611.

Suiffet, Norma. Tres poetas uruguayas: Juana de Ibarbourou, Sara de Ibáñez, Hugo Petraglia Aguirre; Ensayos. Montevideo, 1955.

Xirau, Ramón. "Sara de Ibáñez." Poesía iberoamericana: Doce ensayos. México: Secretaría de Educación Pública, 1972. 87-95.

IBARBOUROU, Juana

POETRY

Andrade Coello, Alejandro. Cultura femenina uruguaya: Juana de Ibarbourou. Quito: Gráf del Ministerio de Educación, 1943.

Arbeleche, Jorge. Juana de Ibarbourou. Montevideo: Arca, 1978.

Andrade Coello, Alejandro. "Juana de Ibarbourou: Poetisa uruguaya." Cuba Contemporánea 26 (1921): 229-44.

Aponte, Ruth Idalmi. "El ciclo vital en la poesía de Juana de Ibarbourou." Diss. Lexington: U. of Kentucky, 1984. DAI 45, 1984, 1126 A.

Athauyde, Tristán de. "Las tres poetisas del sur." Ateneo 2.3 (1925): 227-34.

Babigian, Consuelo P. "Juana de Ibarbourou." Modern Language Forum 25 (1940): 9-17.

Balseiro, José A. Expresión de Hispanoamérica. San Juan: Instituto de Cultura Puertorriqueña, 1960.

Barrios, Eduardo. "¿Juana de Ibarbourou se entristece?" La Nación June 24, 1923.

Basane, A. "La condesa de Noailles y Juana de Ibarbourou." La Pluma 6 (1928): 49-52.

Benvenuto. C. "'Raíz salvaje' de Juana de Ibarbourou." Renovación March 1923.

Blanco, Flor María. "Possession and Privation in the Poetic Works of Juana de Ibarbourou." Diss. Storrs: U. of Connecticut, 1986. DAI 47, 1986, 1738 A.

Bollo, Sarah. La poesía de Juana de Ibarbourou. Montevideo: Rosgal, 1936.

Brenes-Mesén, Roberto. "Los dioses vuelven: Juana de Ibarbourou." Nosotros 50 (1925): 172-83.

___. "Juana de Ibarbourou. 'El cántaro fresco.'" Repertorio Americano May 22, 1922.

___. "Trébol." Repertorio Americano 1923.

Casal, Julio. Exposición de la poesía uruguaya. Montevideo: Claridad, 1940. 500-506.

Correa, C. R. "Noticias sobre Juana de Ibarbourou." La Revista Católica de Santiago de Chile 69 (1935): 62-65.

Contreras Pazo, F. "Amor humano y amor divino en el verso de Juana de Ibarbourou." Anales de la Universidad Central del Ecuador 344 (1960): 305-34.

Crema, Eduardo. "La evolución de las formas expresivas en Juana de Ibarbourou." Anales del Instituto Pedagógico 4 (1949): 305-34.

D'Argent, N. "Comentario al margen de 'Las lenguas de diamante.'" Repertorio Americano May 11, 1929.

Delgado, J.M. "Juana de Ibarbourou." Conferencias 3.23 (1935): 491-509.

Diez-Canedo, Enrique. "Dos poetisas del Uruguay." Nosotros 43 (1923): 418-20.

Dutra Vieyto, Ethel. Aproximación a Juana de Ibarbourou. Montevideo: Ministerio de Educación y Cultura, 1983.

Feliciano Mendoza, Ester. Juana de Ibarbourou. Oficio de poesía. Río Piedras: Editorial Universitaria Universidad de Puerto Rico, 1981.

Figueira, Gastón. "El cincuentenario de "Las lenguas de diamante.'" Asomante 26.1 (1970): 68-74.

____. "Páginas olvidadas de Juana de Ibarbourou." Revista Interamericana de Bibliografía 13.3 (1963): 311-24.

____. "Las relaciones literarias y amistosas entre Gabriela Mistral y Juana de Ibarbourou." Revista Interamericana de Bibliografía/Inter-American Review of Bibliography 25(1975): 13-23.

Fortunato, Juan María. "Homenaje a Juana de Ibarbourou." Letras Femeninas 7.1 (1981): 3-9.

Fox-Lockert, Lucía. "Amorous fantasies." Américas 39.1 (1987): 38-41.

García Calderón, Ventura. "Ditirambo a Juana de Ibarbourou." Repertorio Americano (1936).

Gómez Marín, José Antonio. "La poesía americana de Juana de Ibarbourou." Cuadernos Hispanoamericanos 64 (1965): 87-93.

Gonzáles Villegas, Maruja. "Algunos aspectos de la poesía de Juana de Ibarbourou." Universidad (1959): 165-76.

Heguy, J.P. "El paisaje de Juana de Ibarbourou." Revista Nacional 90 (1945): 344-61.

Jiménez Borga, J. "Juana de Ibarbourou, Juana de América." Mercurio Peruano 19 (1929): 407-10.

Lagorio, A. "Juana de Ibarbourou, 'Las lenguas de diamante.'" Nosotros 33 (1919): 271-75.

Luisi, Luisa. "Two South American Poets: Gabriela Mistral and Juana de Ibarbourou." Bulletin of the Pan American Union 64.1 (1930): 588-90.

Miranda S., Estela. Algunas poetisas de Chile y Uruguay. Santiago de Chile: Nascimento, 1937.

Morey, S. "Al margen de 'Raíz salvaje.'" Pegaso 5 (1923): 534-39.

Marval, Carlota. "Juana de Ibarbourou, milagro de la poesía en América." Arbor 409: 39-45.

Muguet, Isaura. "Juana de Ibarbourou: Raíz viva de la poesía americana." La Nación July 18, 1965. 5.

Nieto Caballero, L. E. "Juana de Ibarbourou." Colinas inspiradas. Bogotá: Editorial Minerva, 1929. 12-35.

Páez de Ruíz, María. "In memoriam de Juana de Ibarbourou: Una carta inédita." La chispa '81: Selected Proceedings, February 26-28, 1981. Gilbert Paolini, Ed. New Orleans: Tulane U., 1981. 239-49.

Pereira Rodríguez, J. "'Raíz salvaje' de Juana de Ibarbourou." Pegaso 5 (1922): 161-64.

Pickenhaym, Jorge Oscar. Vida y obra de Juana de Ibarbourou. Buenos Aires: Plus Ultra, 1982.

Polo García, Victoriano. "Juana de Ibarbourou y Antonio Machado, al aire de unos poemas." Homenaje al Prof. Muñoz Cortés. Murcia: Universidad de Murcia, Facultad de Filosofía y Letras, 1977. 537-46.

Queiroz, María José de. A poesía de Juana de Ibarbourou. Belo Horizonte, Brazil: Imprusa da Universidad de Minas, 1961.

Roveda, Alberto. "Juana de Ibarbourou." La siembra esperanzada. Buenos Aires: El Ateneo, 1948. 23-46.

Rusconi, Alberto. "La adjetivación en la poesía de Juana de Ibarbourou." Boletín de Filología 4.25-26 (1944): 37-57.

Russell, Dora Isella. Juana de Ibarbourou. Montevideo: Impresora Uruguaya, 1951.

___. "Juana de Ibarbourou." Revista Nacional 49.145 (1951): 214-30.

___. "Tres momentos en la poesía de Juana de Ibarbourou." Revista Nacional 115 (1948): 40-47.

Salaverri, Vicente A. "La poesía Ibarbourou." Nosotros 118 (1919): 187-96.

Salgués Cargill, Maruxa. "La poesía contemporánea y la mujer." La imagen de la mujer en las letras hispanoamericanas. Jaén. Gráficas Nova, 1975. 73-83.

Sánchez, Luis Alberto. Escritores representativos de América. Montevideo: Gredos, 1964. 136-46.

Sánchez Quell, Hipólito. Triángulo de la poesía rioplatense. Buenos Aires: Americalee, 1953. 75-99.

Serra, Edelives. "Itinerario poético de Juana de Ibarbourou." Poesía hispanoamericana. Santa Fe: Instituto de Literatura Hispánica, 1964. 89-186.

Sesto Gilardoni, Isabel. Juana de Ibarbourou. Montevideo: Sesto Gilardoni, 1981.

Silva Silvera, Andrés de. "Introducción a la poesía de Juana de Ibarbourou." Cultura: Revista del Ministerio de Educación de El Salvador 68-69 (1980): 192-203.

Sotela, Rogelio. "Juana de Ibarbourou. 'Raíz salvaje.'" Nuestra América 7 (1923): 87-93.

Suárez Calimano, Emilio. "'Raíz salvaje.'" Nosotros 42 (1922): 404-407.

Suiffet, Norma. <u>Tres poetas uruguayos: Juana de Ibarbourou, Sara de Ibánez, Hugo Petraglia Aguirre; Ensayos.</u> Montevideo, 1955.

Ubaldo Genta, E. "La nueva modalidad de Juana de Ibarbourou." <u>Revista de las Españas</u> 10 (1935): 298-301.

Urta Melián, Juan Carlos. "Juana de Ibarbourou, poetisa y mito." <u>Foro Literario</u> 3.6 (1979): 30-36.

Villagrán Bustamente, Héctor. "Lírica femenina. María Eugenia Vaz Ferreira. Delmira Agustini. Juana de Ibarbourou." <u>Revista Nacional</u> año 1 4 (1938): 130-39.

Zum Felde, Alberto. "Las poetisas." <u>Crítica de la literatura uruguaya.</u> Montevideo: Maximino García, 1921. 283-312.

LUISI, Luisa

POETRY

Benítez, Angel Ernesto. <u>Luisa Luisi. El ensueño dolorido.</u> Montevideo: Barreiro y Ramos, 1981.

Núñez y Domínguez, José. "La producción literaria femenina hispanoamericana." <u>Raza. Revista Hispánica</u> 14.151-52 (1928): 28-30.

MONSERRAT, María de

NOVEL

Mathiew, Corina S. and Victor C. Dahl. "The Contemporary Uruguayan Novel: Reflections of a Society in Crisis." <u>Latin American Literary Review</u> 4.8 (1976): 57-66.

MUÑOZ, María Elena

POETRY

Ipuche, Pedro Leandro. "María Elena Muñoz en 'Lejos' y 'Puñado de agua.'" <u>El yesquero del fantasma: Entretenimientos.</u> Montevideo: Biblioteca de Cultura Uruguaya, 1943. 25-27.

PERI ROSSI, Cristina

GENERAL

Benedetti, Mario. "Cristina Peri Rossi: Vino nuevo en odres nuevas." Literatura uruguaya siglo XX. 2nd. ed. Montevideo: Alfa, 1969. 321-27.

Kaminsky, Amy. "Gender and Exile in Cristina Peri Rossi." Continental, Latin-American and Francophone Women Writers. Eunice Myers and Ginette Adamson, Eds. New York: U. Press of America, 1987. 149-59.

Verani, Hugo J. "Una experiencia de límites: La narrativa de Cristina Peri Rossi." Revista Iberoamericana 48.118-19 (1982): 303-16.

NOVEL

Narváez, Carlos Raúl, Jr. "Critical Approaches to Cristina Peri Rossi's 'El libro de mis primos.'" Diss. New York: Columbia U., 1983. DAI 44, 1984, 3703 A.

Mora, Gabriela. "El mito degradado de la familia en 'El libro de mis primos' de Cristina Peri Rossi." The Analysis of Literary Texts: Current Trends in Methodology. Randolph O. Pope, Ed. 3rd & 4th York College. Colloquia. Ypsilanti: Bilingual Press, 1980. 66-77.

Olivera-Williams, María Rosa. "La nave de los locos de Cristina Peri-Rossi." Revista de Crítica Literaria Latinoamericana 11.23 (1986): 81-89.

Verani, Hugo J. "La narrativa de Cristina Peri Rossi: Arte de digresión." Actas del Séptimo Congreso de la Asociación Internacional de Hispanistas. Roma: Bulzoni, 1982. 1039-46.

POETRY

Peri Rossi, Cristina. "Génesis de 'Europa después de la lluvia.'" Studi di Letteratura Ispano-Americana 13-14 (1983): 63-78.

Verani, Hugo J. "La rebelión del cuerpo y el lenguaje." Revista de la Universidad de México 11 (1982): 19-22.

Wilson, S.R. "El cono sur: The Tradition of Exile, the Language of Poetry." Revista Canadiense de Estudios Hispánicos 8.2 (1984): 247-62.

SHORT STORY

Chanady, Amaryll B. "Cristina Peri Rossi and the Other Side of Reality." The Antigonish Review 54 (1983): 44-48.

Pittarello, Elide. "Cristina Peri Rossi: 'Los extraños objetos voladores' o la disfatta del soggetto." Studi di Letteratura Ispano-Americana 13-14 (1983): 259-87.

Rueda, Ana M. "Spaceless Tales: A Critical Study of the Contemporary Hispanic Short Story." Diss. Nashville: Valderbilt U., 1985. DAI 46, 1986, 2313 A.

Sosnowski, Saúl. "'Los museos abandonados' de Cristina Peri Rossi: Reordenación de museos y refugios." Actualidades 6 (1980-82): 67-74.

PUENTES DE OYENARD, Sylvia

POETRY

Fortunato, Juan María. "Aproximación a la poesía para niños de Sylvia Puentes de Oyenard." Káñina 4.2 (1980): 35-38.

RUSSELL, Dora Isella

POETRY

Pickenhayn, Jorge Oscar. "La obra poética de Dora Isella Russell." Literatura siglo XX en el Río de la Plata. Buenos Aires: Plus Ultra, 1984. 279-86.

Russell, Dora Isella. "Autobiografía poética." Revista Nacional 5 (1960): 91-107.

SARALEGUI, Graciela

NOVEL

Mathieu, Corina S., and Víctor C. Dahl. "The Contemporary Uruguayan Novel: Reflections of a Society in Crisis." Latin American Literary Review 4.8 (1976): 57-66.

SILVA, Clara

NOVEL

"Clara Silva: El cuerpo y Dios." Capítulo Oriental 32 (1968): 522-23.

Fox-Lockert, Lucía. "Clara Silva." Women Novelists in Spain and Spanish America. Metuchen, N.J.: Scarecrow Press, 1979. 185-94.

Gilbert de Pereda, Isabel. "Clara Silva." Escritura 7 (1969).

Mathieu, Corina S., and Víctor C. Dahl. "The Contemporary Uruguayan Novel: Reflections of a Society in Crisis." Latin American Literary Review 4.8 (1976): 57-66.

POETRY

Mejía, Oscar Echeverri. "La grave poesía de Clara Silva." Cuadernos Hispanoamericanos 58 (1964): 401-404.

SILVA VILA, María Inés

SHORT STORY

Benedetti, Mario. "María Inés Silva Vila y sus señales entre la niebla." Literatura uruguaya siglo XX. 2nd. ed. Montevideo: Alfa, 1969. 297-303.

"La narrativa femenina." Capítulo Oriental 34 (1968): 540-42.

SOMERS, Armonía

GENERAL

Couste, Alberto. "Armonia Somers, al este del paraíso." Primera Plana 242 (1967): 52-53.

De Espada, Roberto. "Armonía Somers o el dolor de la literatura." Maldoror 1er trimester (1972): 62-66.

Penco, Wilfredo. "Armonía Somers, el mito y sus laberintos." Noticias 82 (1979): 50-52.

Rama, Angel. "La insólita literatura de Somers: La fascinación del horror." Marcha 1188 (1963): 30.

Visca, Arturo Sergio. "La obra narrativa de Armonía Somers." El País September 30, 1969.

NOVEL

Alvarez, José Carlos. "De miedo en miedo: Con Armonía Somers." La Mañana December 31, 1965.

García Rey, José Manuel. "Armonía Somers: Sondeo intuitivo y visceral del mundo." Cuadernos Hispanoamericanos 415 (1985): 101-104.

Rodríguez Villamil, Ana María. "Aspectos fantásticos en 'La mujer desnuda' de Armonía Somers." Río de la Plata 1 (1985).

SHORT STORY

Araújo, Helena. "Escritura femenina: Sobre un cuento de Armonía Somers." Cuéntame tu vida 5 (1981): 19-24.

___. "El tema de la violación en Armonía Somers y Griselda Gambaro." Plural: Revista Cultural de Excelsior 15.179 (1976): 21-23.

Benedetti, Mario. "Armonía Somers y el carácter obsceno del mundo." Literatura uruguaya siglo XX. 2nd. ed. Montevideo: Alfa, 1969. 205-209.

Garfield, Evelyn Picón. "La metaforización de la soledad en los cuentos de Armonía Somers." Hispamérica 46-47 (1987): 179-88.

___. "Yo soplo desde el páramo: La muerte en los cuentos de Armonía Somers." Texto Crítico 6 (1977): 113-25.

"La narrativa femenina." Capítulo Oriental 34 (1968): 540-42.

VAZ FERREIRA, María Eugenia

POETRY

Alvarez Santín, Julia. "En torno a la poesía de María Eugenia Vaz Ferreira." Revista Nacional 4.201 (1959): 425-35.

Bollo, Sarah. "La crítica uruguaya del novecientos y el modernismo." El modernismo en el Uruguay. Montevideo, 1951.

Cabrera, Sarandy. "Las poetisas del 900." Número 6-8 (1950): 162-86.

Cordero y León, Rigoberto. "Tres poetisas uruguayas." Cuadernos del Guayas 6.10 (1955): 5-7.

Fernández Alonso, María del Rosario. "María Eugenia Vaz Ferreira, ¿Una poetisa olvidada?" Cuadernos Hispanoamericanos 289-90 (1974): 364-75.

Huertas Olivera, María Ofelia. "Ubicación de María Eugenia Vaz Ferreira." Norte 274 (1976): 19-20.

Ibáñez, Sara de. "María Eugenia Vaz Ferreira o el pensamiento destructor." Cuadernos del Congreso por la libertad de la Cultura 100 (1965): 145-50.

Ipuche, Pedro Leandro. "'La isla de los cánticos' de María Eugenia Vaz Ferreira." El yesquero del fantasma: Entretenimientos Montevideo: Biblioteca de Cultura Uruguaya, 1943. 19-24.

Pereira Rodríguez, José. "María Eugenia Vaz Ferreira." Ensayos. vol.2. Montevideo: 1965. 135-43.

Porzecanski, Teresa. "Vaz Ferreira, transgresora de una opaca realidad." Plural 11 6.126 (1982): 33-37.

Rubinstein, Morcira. Aproximación a María Eugenia Vaz Ferreira. Montevideo: Editorial Montesexto, 1976.

Seluja Cecín, Antonio. "La lírica femenina y el modernismo." El modernismo literario en el Río de la Plata. Montevideo: Sales, 1977. 127-28.

Suiffet, Norma. "María Eugenia: Su poesía y nosotros." Revista Nacional 7 (1962): 109-14.

Villagrán Bustamente, Héctor. "Lírica femenina. María Eugenia Vaz Ferreira. Delmira Agustini. Juana de Ibarbourou." Revista Nacional 4 (1938): 130-39.

VILARIÑO, Idea

POETRY

Benedetti, Mario. "Idea Vilariño o la poesía actitud." Literatura uruguaya del siglo XX. 2nd. ed. Montevideo: Alfa, 1969. 210-11.

Idea Vilariño: "Arrabales de la muerte." Capítulo oriental 32 (1968): 508-10.

VITALE, Ida

POETRY

Benedetti, Mario. "Ida Vitale y su obra de un sólo poema." Literatura uruguaya del siglo XX. 2nd. ed. Montevideo: Alfa, 1969. 268-70.

"Lucidez y rigor: Ida Vitale." Capítulo Oriental 32 (1968): 506-508.

Melis, Antonio. "Uruguay: I poeti nel tempo della proverta: Ida Vitale." Studi di Letteratura Ispano-Americana 13-14 (1983): 243-58.

CHAPTER NINE

VENEZUELA

ARMAS, Edda

POETRY

Miranda, Julio E. "El poema breve como modelo: Edda Armas." Zona Franca 3.17 (1980): 14-20.

GRAMCKO, Ida

DRAMA

Monasterios, Rubén. "Ida Gramcko." Un enfoque crítico del teatro venezolano. Caracas: Monte Avila, 1975. 63-65.

Sanjurjo de Casanova, María Esther. "'María Lionza.' Algunas consideraciones sobre la obra." Crítica de teatro venezolano. Issac Chocrón, Ed. Caracas: Editorial Arte, 1981. 31-44.

POETRY

Cañizales Márquez, José. "Los poemas de Ida Gramcko." Páginas de interpretación: Crítica e impresiones. Caracas: Jaime Villegas, 1956. 71-74.

Claudio, Iván. "Ida Gramcko." 21 ensayos sobre poesía venezolana. Caracas: Gráfica Americana, 1964. 113-16.

Cook, Guillermo Alfredo. "Ida Gramcko, poetisa del amor ausente." Apuntes sobre tres poetas nuevos de Venezuela. Caracas: Editorial Venezuela, 1940. 20-23.

Pedroza, Héctor. Poesía de Ida Gramcko. Caracas: Oficina Técnica, 1966.

Plá y Beltrán, Pascual. "Tres poetas venezolanos en su ardiente dimensión." Cuadernos Americanos 90 (1956): 220-37.

Rivero, Eliana S. "Los 'Quehaceres' de Ida Gramcko: Versiones y creaciones." Revista Nacional de Cultura 46.253 (1984): 90-97.

LERNER, Elisa

DRAMA

Azparrén Giménez, Leonardo. "Elisa Lerner: La nostalgia como patrimonio personal." El teatro venezolano y otros teatros. Caracas: Monte Avila Editores, 1978. 99-106.

Castillo, Susana D. El 'Desarraigo' en el teatro venezolano: Marco histórico y manifestaciones modernas. Caracas: Editorial Ateneo de Caracas, 1980.

PALACIOS, Lucila

NOVEL

Araujo, Orlando. "De Teresa de la Parra a la señora Stolk." Narrativa venezolana contemporánea. Caracas: Editorial Tiempo Nuevo, 1972. 231-40.

Bullman, Lynne Lois. "The Political Novels of Lucila Palacios and Marta Lynch." Diss. Washington D.C.: Catholic U. of America, 1976. DAI 37, 1976, 1580 A.

PARRA, Teresa de la

GENERAL

Machado de Arnao, Luz. "Tiempo y obra de Teresa de la Parra." Atenea 119.355-56 (1955): 117-24.

Miró, Clemencia. "Teresa de la Parra." Revista Hispánica Moderna 3.1 (1936): 35-38.

Mancera Galleti, Angel. "Teresa de la Parra." Quienes narran y cuentan en Venezuela. Caracas: Ediciones Caribe, 1958. 309-18.

Paz Castillo, Fernando. "El sentido de la intimidad en Teresa de la Parra." Revista Nacional de Cultura 10.72 (1949): 7-14.

NOVEL

Acevedo, Angel Eduardo. "Sobre narrativa venezolana: 'Memorias de Mamá Blanca.'" Cultura Universitaria 90 (1966): 20-24.

Aizenberg, Edna. "El Bildungsroman fracasado en Latinoamérica: El caso de 'Ifigenia' de Teresa de la Parra." Revista Iberoamericana 51.132-33 (1985): 539-46.

Alonso Fuentes, María Elena. "Towards a Feminist Reading of Latin American Women Writers." Diss. Amherst: U. of Massachusetts, 1986.

Angarita Arvelo, Rafael. Historia y crítica de la novela en Venezuela. Berlín: Imprenta de August Pries, 1938. 145-47.

Araujo, Orlando. "De Teresa de la Parra a la señora Stolk." Narrativa venezolana contemporánea. Caracas: Editorial Tiempo Nuevo, 1972. 231-40.

Arias Robalino, Augusto. "La nueva Ifigenia." Tres ensayos. Quito: Publicaciones del Instituto Ecuatoriano-Venezolano de Cultura, 1941. 9-60.

Baker, Armand F. "El tiempo en la novela hispanoamericana: Un estudio del concepto del tiempo en siete novelas representativas." Diss. Iowa City: U. of Iowa, 1968. DAI 28, 1968, 2673 A.

Barnola, Pedro Pablo. "Teresa de la Parra. Una gran novela venezolana: 'Memorias de Mamá Blanca.'" Estudios críticos literarios. Caracas: Librería y Tipografía La Torre, 1935. 121-31.

Baralis, Marta. "Un libro americano casi desconocido: 'Las memorias de Mamá Blanca.'" Universidad, Revista de la Universidad Nacional del Litoral 52 (1962): 91-98.

Bosch, Velia. Esta pobre lengua viva. Caracas: Ediciones de la Presidencia de la República, 1979.

___. Teresa de la Parra ante la crítica. Caracas: Monte Avila, 1982.

Cañizales Márquez, José. "'Ifigenia' de Teresa de la Parra." Páginas de interpretación: Crítica e impresiones. Caracas: Jaime Villegas, 1956. 115-18.

Carrión, Benjamín. Mapa de América. Madrid: Zoila Ascasibar, 1930. 27-59.

Coll, Edna. "Teresa de la Parra, Marta Brunet, Magdalena Mondragón: Abresurcos en la novelística femenina hispanoamericana." Memorias del Congreso de Catedráticos de Literatura Iberoamericana 13 (1968): 187-96.

Constant, Josefina. "'Memorias de Mamá Blanca.' Personajes y sentimientos poéticos." Imagen 44 (1972): 4-6.

Correa, Luis. "Teresa de la Parra." Terra patrum. Caracas: Ediciones del Ministerio de Educación Nacional, 1961. 257-62.

Crespo y Vega, Cornelio. "Colorido americano en 'Ifigenia' libro de Teresa de la Parra." Repertorio Americano 13 (1926): 27-28.

Daireaux, Max. "Le roman de Teresa de la Parra: 'Ifigenia.'" Revue de L'Amérique Latine 10 (1925): 156-58.

Díaz Seijas, Pedro. "La intimidad femenina en 'Ifigenia.'" Al margen de la literatura venezolana. Caracas: Ediciones Librería Venezuela, 1946. 35-44.

Febres, Laura. Cinco perspectivas críticas sobre la obra de Teresa de la Parra. Caracas: Editorial Arte, 1984.

Fox-Lockert, Lucía. "Teresa de la Parra." Women Novelists in Spain and Spanish America. Metuchen, N.J.: Scarecrow Press, 1979. 156-65.

Fuenmayor Ruíz, Víctor. "La dimensión amorosa de la escritura. Eros y escritura en Teresa de la Parra." Revista de Literatura Hispanoamericana 1 (1971): 23-46.

___. El inmenso llamado. Las voces en la escritura de Teresa de la Parra. Caracas: Universidad Central de Venezuela, 1974.

Galao, José Antonio. "Hispano-américa a través de sus novelas: 'Ifigenia' o el hechizo de Europa." Cuadernos Hispanoamericanos 150 (1962): 373-78.

García Hernández, Manuel. "'Memorias de Mamá Blanca' de Teresa de la Parra." El Universal 11802 (1942): 7-18.

___. "Los valores de 'Ifigenia' de Teresa de la Parra." El Universal December 14, 1947.

García Prada, Carlos. "Las memorias de Teresa de la Parra." Letras hispanoamericanas: Ensayos de simpatía. v.1 Madrid: Ediciones Iberoamericanas, 1963. 35-47.

Garrels, Elizabeth. Las grietas de la ternura. Caracas: Monte Avila, 1987.

Gúzman Esponada, Eduardo. "La novela de una caraqueña." Santa Fé y Bogotá (1927): 87-95.

Hernández, Juan C. "Ifigenia." Cultura Venezolana 25 (1925): 119-21.

"Ifigenia." Cultura Venezolana 25.66 (1925): 175-84.

Jiménez, Juan Ramón. "Teresa de la Parra." Atenea 134 (1936): 268-77.

Labarca, Eugenio. "Ifigenia, María Eugenia Alonso y Teresa de la Parra. El Universal March 9, 1927.

___. "La novelística de Teresa de la Parra." El Universal December 8, 1926.

Llebot, Amaya. Ifigenia: Caso único en la literatura nacional. Caracas: Universidad Central de Venezuela, 1974.

López-González, Aralia. "Teresa de la Parra y María Luisa Bombal: Una literatura del ser." Crítica 1.2 (1985): 76-89.

Martínez, Marco Antonio. "'Ifigenia', un mito femenino." Zona Franca 3.15 (1972): 53-55.

___. "Proust y Teresa de la Parra." Imagen 44 (1972).

___. "El tema religioso en 'Memorias de Mamá Blanca.'" Revista Nacional de Cultura 17.109 (1955): 110-23.

___. "Teresa de la Parra, novelista errante." Cultura Universitaria 43 (1954): 67-72.

Meyer, Doris. "'Feminine' Testimony in the Works of Teresa de la Parra, María Luisa Bombal, and Victoria Ocampo." Contemporary Women Authors of Latin America. Doris Meyer and Margarita Fernández Olmos, Eds. Brooklyn: Brooklyn College Press, 1983. 3-15.

Mistral, Gabriela. "Teresa de la Parra." Cultura Venezolana 39.95 (1929): 282-86.

Mora, Gabriela. "La otra cara de 'Ifigenia': Una reevaluación del personaje de Teresa de la Parra." Sin Nombre 7 (1976): 130-44.

Nieto Caballero, Luis Eduardo. "Teresa de la Parra." Colinas Inspiradas. Bogotá: Editorial Minerva, 1929. 54-69.

Norris, Nélida G. " Critical Appraisal of Teresa de la Parra." Diss. Los Angeles: U. of California, 1970. DAI 31, 1970, 2931, A.

Núñez, Enrique Bernardo. "Teresa de la Parra 'Ifigenia' y sus críticos." Escritores venezolanos. Mérida: Ediciones del Rectorado, 1974. 203-10.

Núñez y Domínguez, José. "La producción literaria femenina hispanoamericana." Raza. Revista Hispánica 14.151-52 (1928): 28-30.

Olivares Figueroa, Rafael. "Teresa de la Parra y la creación de caracteres." Revista Nacional de Cultura 2.22 (1940): 38-54.

Olza, Jesús S. J. "El humor en 'Las memorias de Mamá Blanca.'" Sic 299 (1967): 478-80.

Pacífico, Patricia. "A Feminist Approach to Three Latin American Writers." Una historia de servicio. 66 aniversario de la Universidad Interamericana. Río Piedras, P.R.: Interamerican U. Press, 1979. 136-42.

Palma, Angélica. "La novela de una venezolana." Cultura Venezolana 32.81 (1927): 191-96.

Para Pérez, Caraciolo. A propos du roman de Teresa de la Parra 'Ifigenia.'" Revue de L'Amérique Latine 10 (1925): 451-53.

Pérez Huggins, Argenis. "Espíritu romántico y tradición de 'Ifigenia.'" Imagen 44 (1972): 16.

Picón Salas, Mariano. Formación y proceso de la literatura venezolana. Caracas: Editorial Cecilio Acosta, 1940. 215-17.

___. Literatura venezolana. Caracas: Editorial Las Novedades, 1945. 211-13.

Piedrahita, Carmen. "Literatura sobre la problemática femenina en lationoamérica." Cuadernos Americanos 236.3 (1981): 222-38.

Ratcliff, Dillwyn F. "Teresa de la Parra." Venezuelan Prose Fiction. New York: Instituto de las Españas en los Estados Unidos, 1933. 214-32.

Rojas, Armando. "Romain Rolland y Teresa de la Parra." El Nacional August 4, 1963.

Sabas Aloma, Mariblanca. "Un nuevo libro de Teresa de la Parra." Repertorio Americano November 23, 1929: 313.

Schade, George D. "'Memorias de Mamá Blanca' a Literary Tour de Force." Hispania 39.2 (1956): 157-60.

Silva Castro, Raúl. "'Ifigenia.'" Cultura Venezolana 25 (1925): 119-21.

___. "'Las memorias de Mamá Blanca.'" Cultura Venezolana 39 (1929): 145-46.

Simón, José G. "Teresa de la Parra, pionera del movimiento feminista." Círculo: Revista de Cultura 14 (1985): 85-89.

Stillman, Ronni Gordon. "Teresa de la Parra, Venezuelan Novelist and Feminist." Latin American Women Writers: Yesterday and Today. Yvette E. Miller and Charles M. Tatum, Eds. Pittsburgh: Latin American Literary Review, 1977. 42-48.

Torrealba Lossi, Mario. En torno a la novela de Teresa de la Parra. Caracas: Editorial Avila Gráfica, 1951.

Uslar-Pietri, Arturo. "El testimonio de Teresa de la Parra." Letras y hombres de Venezuela. Madrid: Editorial Mediterráneo, 1974. 270-79.

Vetancourt Aristeiguieta, I. "Una página inédita del escritor venezolano Vetancourt Aristeiguieta: Apostilla a 'Ifigenia' de Teresa de la Parra." El Nuevo Diario January 15, 1927.

Vidal de Kaul, Adelina. "Teresa de la Parra en 'Memoria de Mamá Blanca." Cultura Universitaria 5 (1949): 189-95.

Vieira, Maruja. "Los personajes de 'Ifigenia.'" El Nacional July 19, 1956: 6-8.

Villena, Carlos de. Estudio crítico de la novela 'Ifigenia.'" Bogotá: Imprenta de la Sociedad Editorial.

SHORT STORY

Eloy Romero, Andrés. "Tres cuentos que Frufrú no publicó." Actualidades 6 (1980-82): 107-22.

ROMERO, Mariela

DRAMA

Bixler, Jacqueline Eyring. "Games and Reality on the Latin American Stage." Latin American Literary Review 12.24 (1984): 22-35.

Castillo, Susana D. "'El juego': Texto dramático y montaje." Latin American Theatre Review 14.1 (1980): 25-33.

Chrzanowski, Joseph. "El teatro de Mariela Romero." <u>Revista Canadiense de Estudios Hispánicos</u> 7.1 (1982): 205-11.

SCHOEN, Elizabeth

POETRY

"Elizabeth Schoen o la gruta venidera." <u>Razón y sin razón.</u> Caracas: Ediciones Ariel, 1954. 95-98.

DRAMA

Castillo, Susana D. <u>El 'desarraigo' en el teatro venezolano: Marco histórico y manifestaciones modernas.</u> Caracas: Editorial Ateneo de Caracas, 1980.

Monasterios, Rubén. "Elizabeth Schoen." <u>Enfoque crítico del teatro venezolano.</u> Caracas: Monte Avila, 1975. 65-66.

___. "Los dramaturgos venezolanos, hoy." <u>Conjunto</u> 3.8 (1969): 38-49.

STOLK, Gloria

NOVEL

Araujo, Orlando. "De Teresa de la Parra a la señora Stolk." <u>Narrativa venezolana contemporánea.</u> Caracas: Editorial Tiempo Nuevo, 1972. 231-40.

Calzadilla, J. "'Amargo el fondo.'" <u>Revista Nacional de Cultura</u> 123 (1957): 145-46.

Plá y Beltrán, Pascual. "'Amargo el fondo.'" <u>Cultura Universitaria</u> 63: 197-98.

POETRY

Claudio, Iván. "Gloria Stolk." <u>21 ensayos sobre poesía venezolana.</u> Caracas: Gráfica Americana, 1964. 77-81.

TERAN, Ana Enriqueta

POETRY

Ibarbourou, Juana de. "Ana Enriqueta Terán." <u>Revista Nacional de Cultura</u> 10.72 (1949): 91-92.

AUTHOR INDEX

Abella Caprile, Margarita - Argentina

Adler, María Raquel - Argentina

Agosín, Marjorie - Chile

Aguirre, Isidora - Chile

Aguirre, Margarita - Chile

Agustini, Delmira - Uruguay

Alcorta, Gloria - Argentina

Allende, Isabel - Chile

Alvarez Valdés, Sara - Argentina

Alvear, Elvira de - Argentina

Angel, Albalucía - Colombia

Araújo, Helena - Colombia

Arciniega, Rosa - Perú

Armas, Edda - Venezuela

Ayarza, Emilia - Colombia

Azlor, Clementina Isabel - Argentina

Basualto, Alejandra - Chile

Bedregal, Yolanda - Bolivia

Berenguer, Amanda - Uruguay

Bértole, Emilia - Argentina

Bollo, Sara - Uruguay

Bombal, María Luisa - Chile

Bonavita, María Adela - Uruguay

Bosco, María Angélica - Argentina

Brindis de Salas, Virginia - Uruguay

Brumana, Herminia - Argentina

Brunet, Marta - Chile

Buitrago, Fanny - Colombia

Bullrich, Silvina - Argentina

Bunge de Gálvez, Delfina - Argentina

Bustamante, Cecilia - Perú

Cabello de Carbonera, Mercedes - Perú

Cáceres, Esther de - Uruguay

Castillo, Laura - Argentina

Canto, Estela - Argentina

Castellanos, Dora - Colombia

Castrillo, Cristina - Argentina

Chouhy Aguirre, Ana María - Argentina

Codina de Giannoni, Iverna - Argentina

Colmenares, Delia - Perú

Cruchaga de Walker, Rosa - Chile

Delmar, Meira - Ecuador

Demitrópulos, Libertad - Argentina

Díaz-Diocaretz, Miriam - Chile

Domínguez, Delia - Chile

Domínguez, María Adela - Argentina

Domínguez, María Alicia - Argentina

Duncan, Elena - Argentina

Author Index

Escudero, María - Argentina

Espinel, Ileana - Ecuador

Estrada y Alaya, Aurora - Ecuador

Etcheverts, Sara de - Argentina

Ferrari, Graciela - Argentina

Fox-Lockert, Lucía - Perú

Fuselli, Angélica - Argentina

Gallardo, Sara - Argentina

Gambaro, Griselda - Argentina

Gandara, Carmen - Argentina

Goel, María Carolina - Chile

Geneyro, Angela - Argentina

Genta, Estrella - Uruguay

Gertner, María Elena - Chile

Godoy Alcayaga, Lucila   see Mistral, Gabriela

Gorodischer, Angélica - Argentina

Gramcko, Ida - Venezuela

Granata, María - Argentina

Guerra, Lucía - Chile

Guerra-Cunningham, Lucía   see Guerra, Lucía

Guido, Beatriz - Argentina

Heker, Liliana - Argentina

Helfgott, Sarina - Perú

Ibáñez, Sara de - Uruguay

Ibarbourou, Juana de - Uruguay

Iza, Ana María - Ecuador

Izaguirre, Ester de - Argentina

Jamilis, Amalia - Argentina

Jauch, Emma - Chile

Jodorowsky, Raquel - Chile

Joffre, Sara - Perú

Jurado, Alicia - Argentina

Lamarque, Nydia - Argentina

Lange, Norah - Argentina

Lehmann, Martha - Argentina

Lerner, Elisa - Venezuela

Levinson, Luisa Mercedes - Argentina

Lizarzaburu, Martha - Ecuador

Loubet, Jorgelina - Argentina

Luisi, Luisa - Uruguay

Lynch, Marta - Argentina

Mahieu, Roma - Argentina

Malinow, Inés - Argentina

Mattee Alessandri, Ester - Chile

Matto de Turner, Clorinda - Perú

Mejía de Gaviria, Regina - Colombia

Author Index

Miguel, María Ester de - Argentina

Mistral, Gabriela - Chile

Molloy, Sylvia - Argentina

Monserrat, María de - Uruguay

Monvel, María - Chile

Moreno, Gloria - Chile

Moreno, Inés - Chile

Mujía, María Josefa - Bolivia

Mujica, Elisa - Colombia

Muñoz, María Elena - Uruguay

Núñez, Luisa - Argentina

Ocampo, Silvina - Argentina

Ocampo, Victoria - Argentina

Orozco, Olga - Argentina

Orphée, Elvira - Argentina

Ossandón, Francisca - Chile

Palacios, Lucila - Venezuela

Palma y Ramón, Angélica - Perú

Parra, Teresa de la - Venezuela

Parra, Violeta - Chile

Pasamanik, Luisa - Argentina

Peri Rossi, Cristina - Uruguay

Petit, Magdalena - Chile

Pincheira de Silva, Dolores - Chile

Pizarnik, Alejandra - Argentina

Pizarro de Rayo, Agueda - Colombia

Plá, Josephina - Paraguay

Poletti, Syria - Argentina

Portal, Magda - Perú

Portocarrero, Elena - Perú

Prilutzsky Farny de Zinny, Julia - Argentina

Puentes de Oyenard, Sylvia - Uruguay

Raffo, Hortensia Margarita - Argentina

Raznovich, Diana - Argentina

Requena, María Asunción - Chile

Riesco, Laura - Perú

Roepke, Gabriela - Chile

Romero, Mariela - Venezuela

Russell, Dora Isella - Uruguay

Saks, Katia - Perú

Sándor, Malena - Argentina

Saralegui, Graciela - Uruguay

Schoen, Elizabeth - Venezuela

Serrana, Elisa - Chile

Silva, Clara - Uruguay

Silva Vila, María Inés - Uruguay

Somers, Armonía - Uruguay

LIBRARY USE ONLY
DOES NOT CIRCULATE

Author Index

Soto y Calvo, Edelina - Argentina

Stolk, Gloria - Venezuela

Storni, Alfonsina - Argentina

Teitelboim, Volodia - Chile

Terán, Ana Enriqueta - Venezuela

Thénon, Susana - Argentina

Tiberti, María Dhialma - Argentina

Torres Molina, Susana - Argentina

Traba, Marta - Argentina

Uhart, Hebe - Argentina

Urrutia Artieda, María Alex - Argentina

Valdivieso, Mercedes - Chile

Valenzuela, Luisa - Argentina

Valle, Rosamel del - Chile

Varela, Blanca - Perú

Vaz Ferreira, María Eugenia - Uruguay

Vázquez, María Esther - Argentina

Viana, Luz de - Chile

Vilariño, Idea - Uruguay

Villarino, María de - Argentina

Villarroel, Dinka de - Chile

Vitale, Ida - Uruguay

Walsh, María Elena - Argentina

Wielhuchter, Blanca - Bolivia

Yáñez, María Flora - Chile
Yáñez Cossío, Alicia - Ecuador

Zamudio, Adela - Bolivia